女性に対する暴力に関する立法ハンドブック

◆ 国連 経済社会局 女性の地位向上部 ◆

女性に対する暴力に関する立法ハンドブック

ヒューマンライツ・ナウ 編訳

信 山 社

The work is published
for and behalf of the United Nations.

Originally Published by the United Nations
under the title of
Handbook for Legislation on Violence Against Women
©2009 United Nations for the English edition
©2011 United Nations for the Japanese edition
All rights reserved
The present work is an official translation
for which the publisher accepts full responsibility.

◆『女性に対する暴力に関する立法ハンドブック』について ◆

　　　　　　　　　　　　　林　陽子（弁護士、女性差別撤廃委員会委員）

　1979年の国連総会で採択された女性差別撤廃条約は、現在186か国によって締結され、多くの国でジェンダー平等政策を進める指針となっている。他方で、女性差別撤廃条約は、東西冷戦時代の産物であり、1960年代に採択された人種差別撤廃条約の枠組を借用して作られ、「差別禁止」の観点から女性の人権保障をめざすという時代的な制約もあった。たとえば、雇用や教育に関して、男性との比較において女性に不利益があれば、それはすなわち「差別」であるが、究極の人権侵害である女性の殺害、女性への暴行、虐待などについては、条約の上では条文が存在しないのである。

　東西冷戦体制の崩壊により、各地で頻発した民族紛争は、女性に対する暴力の甚大さ、広汎さを浮き彫りにした。女性差別撤廃委員会（CEDAW）は、1992年に条約解釈のガイドラインの役割を果たす一般的勧告19号を発し、女性に対する暴力は差別の一形態であり、締約国は政府報告書のなかで女性に対する暴力に対してとった措置について情報を提供するよう求めるに至った。この流れは、1993年のウィーン世界人権会議で採択された「宣言および行動計画」、同年の国連総会での「女性に対する暴力撤廃宣言」の採択、1994年の国連人権委員会による「女性に対する暴力特別報告者」の任命によって、決定的なものとなった。グローバルな女性運動とそれを支える学者たちは、女性に対する暴力が条約上の「差別」であることを解明したにとどまらず、その差別を予防できなかった場合には、加害者個人のみならず、締約国に責任がある、という理論化を行った。

　さらに、この動きを加速し、強化したのが、1999年に成立した女性差別撤廃条約の個人通報制度である。本書でも紹介されているが、CEDAWは2007年にオーストリアの２つのDV事件に関連し、国際法の国家責任の判断要素である「相当な注意義務」（due diligence）という概念を用いて、DV殺人に対する国の責任を認めた。この個人通報の見解は、その後、ヨーロッパ人権裁判所が最初に引用したCEDAWの先例（2009年６月９日のOpuz対トルコ事件判決）となり、この判決がさらに欧州評議会における「女性に対する暴力及びドメス

『女性に対する暴力に関する立法ハンドブック』について

ティック・バイオレンスを予防し闘うための条約」の起草過程にインパクトを与える、という成果を生み出している。また、CEDAWは2010年にフィリピンの強かん罪をめぐる事件に関連して、フィリピン政府に対し強かん罪の改正を勧告したが、その個人通報の見解のなかで本ハンドブックを引用している。

本ハンドブックからは、このように、暴力の被害者を支援する各国内の女性運動の連帯が、国際機関における宣言、決議、見解などに結実し、そこで生み出された新しいソフト・ローが、各国の国内法を改正する力となり、さらには新しい国際条約を起草するに至っていく、という連鎖を知ることができる。それは、立法史とは偶然の事件の積み重ねなのではなく、人々の自覚的な努力の集積なのだということを示す実例でもある。

私は2009年の女性差別撤廃委員会会合に出席した際、国連女性の地位向上部（DAW）のスタッフからこのハンドブックについて解説をしてもらう機会があった。この本は日本に必要なものだと直感し、帰国後、同年9月に開かれた内閣府男女共同参画会議の下にある「女性に対する暴力専門調査会」に資料を提供し、概要を同調査会に報告させていただいた。

なぜ本書が日本に必要だと思ったのか、その大きな理由はふたつある。

ひとつは、本書が「包括的な立法」の必要性を強調しているからである。日本では配偶者暴力防止法以降、女性に対する暴力に関して立法的な手当はなされてきているものの、それらは断片的な個別の法令であり、包括的な立法が存在しない。本書を読解するキーワードは、「包括的な立法」である。女性に対する暴力に関する法とは、刑事法だけではなく、憲法、行政法、民法などの多くの法分野を包摂しながら、暴力の防止、被害者の保護と支援に対応するものでなければならず、それは日本の国内法体制に決定的に不足している。

もうひとつの理由は、本書が日本にないさまざまな実験的な立法例を紹介していることである。日本で未だ立法されていない例としては、加害者に対する更生プログラム、政府などの加害者以外の第三者に対する民事訴訟（女性に対する暴力を予防、調査、処罰するための相当な注意を払わなかったことを理由とする）などがある。また立法の手当がなくても行うことができる公務員、法曹に対するジェンダー研修についても、本書は示唆に富む実例を挙げている。

今般、本書がヒューマンライツ・ナウの手によって邦訳出版されることにより、多くの人々、とりわけ日本国内で女性の人権に関わる行政担当者、国政や地方政治にかかわる議員、法曹実務家、研究者の皆様によって、手に取られ、

『女性に対する暴力に関する立法ハンドブック』について

現実の立法政策や法の適用、解釈に役立てられることを願うものである。

2011年6月

（追記）　なお本ハンドブックを出版した国連の「女性の地位向上部」（DAW）は、国連のジェンダー新機関の創設により、2011年1月に発足したUN Women（正式名称は「ジェンダー平等及び女性のエンパワーメントのための国連組織」）に統合されている。

前　文

　世界中で——富める国でも貧しい国でも同様に——女性は殴られ、売買され、強かんされ、殺害されている。このような人権侵害は、個人に甚大な危害や苦痛を与えるだけでなく、社会全体の骨組を引き裂くものである。

　世界はこのことに対し、立ち上がっている。我々は女性に対する暴力を止めさせようとする世界的機運の盛り上がりを感じている。2008年、国連事務総長は「団結しよう、女性に対する暴力を終わらせるために」（UNiTE To End Violence Against Women）と呼ばれる、複数年にわたる世界的キャンペーンを開始した。彼は国連のあらゆるパートナーに、この惨事を終わらせるための力を貸してくれるよう呼びかけている。このキャンペーンは、法の力というものを認めている。その主要な5つの目標の1つは、2015年までにすべての国が国際的な人権基準に則って、すべての形態の暴力に取り組み、そのような暴力を罰する国内法を制定し、施行することにある。

　この『*女性に対する暴力に関する立法ハンドブック*』は、経済社会局の女性の地位向上部（DESA/DAW）によって準備されたものであり、国家と他の関係者が女性を保護するための現行法の強化、あるいは新法の起草支援を意図するものである。私はこのハンドブックに書かれている内容を大いに推薦するとともに、このハンドブックの基礎となった報告書を作成する際の専門家会議のメンバーによる意義深い仕事に対し、感謝を示したい。

　女性に対する暴力に関する立法のモデルとなる枠組のなかに示されている勧告は、被害者に正義、支援、保護、救済を与え、さらには加害者に責任を取らせるための試みを支援するときに、有効な手段となるものである。勧告に付随する解説は、世界各地の法律のなかの役に立ちそうな例を取り上げている。

　過去20年にわたり、多くの国が女性に対する暴力を防止し、それらに対応するための法律を制定し、改正してきた。法律はそのような暴力を次第に犯罪化し、加害者に対する起訴や処罰を確実にし、被害者をエンパワメントおよび支援するとともに、防止策を強化するものとなっている。被害者はまた、民事的な救済手段の恩恵も受けることができるようになってきている。

　しかし、法的枠組における差は依然として大きく開いている。世界中で、多くの国が未だに女性に対する暴力の防止や取組に向けての国際的な義務と約束

前　文

を果たしていない。あまりに多くの加害者の責任が問われていない。不処罰が続いている。女性は法的手続においても、二次被害を受け続けている。

　包括的な立法は、総体的かつ効果的な対応の基盤を提供する。そのような立法は継続的に施行され、監視されなければならない。問題に取り組むためには、十分な資金が配分されなければならない。その分野で働く人や公務員は、法の精神や条文を適用するための技能、能力および感性を有することが必要である。法は、教育、意識の向上、および地域の人々の動員を含む総合的な試みのなかに取り入れられなければならない。また、法は差別的な固定観念や態度に対する取組に寄与するものでなければならないし、支援策の発展に必要となる調査や知識の構築を義務づけるものでなければならない。

　有益な情報が盛り込まれたこの『女性に対する暴力に関する立法ハンドブック』が、事務総長の呼びかけによる「団結しよう、女性に対する暴力を終わらせるために」キャンペーンの目標の完全な実現に大きな貢献を果たすことを心から願っている。また、この問題に関心を寄せる世界中の政策立案者や関係各位にこのハンドブックをお勧めしたい。

　2009年7月
　　　　国連副事務総長
　　　　　アーシャ＝ローズ・ミギーロ（Asha-Rose MIGIRO）

謝　辞

　このハンドブックは、国連の女性の地位向上部が国連薬物犯罪事務所と連携して、2008年5月に召集した、女性に対する暴力に取り組むための立法における模範的実施に関する専門家会議の結果に基づくものである。会議では、世界中の女性に対する暴力に関する立法における経験、取組および模範的実施の見直しと分析を行い、女性に対する暴力に関する立法のためのモデルとなる枠組を開発した。

　女性の地位向上部は2008年5月の専門家会議の参加者の働きに対し、感謝の意を表明する：
Carmen de la Fuente Mendes (Spain), Sally F. Goldfarb (United States of America), Rowena V. Guanzon (Philippines), Claudia Herrmannsdorfer (Honduras), Pinar Ilkkaracan (Turkey), P. Imrana Jalal (Fiji), Olufunmilayo (Funmi) Johnson (United Kingdom), Naina Kapur (India), Rosa Logar (Austria), Flor de María Meza Tananta (Peru), Njoki Ndungu (Kenya), Theodora Obiageli Nwankwo (Nigeria), Renée Römkens (Netherland), Karen Stefiszyn (Canada/South Africa), Cheryl A. Thomas (United States of America).

　会議に参加した国連機関、政府間組織およびNGOの代表：
Gloria Carrera Massana (Office of the High Commissioner for Human Rights, OHCHR), Dina Deligiorgis (United Nations Development Fund for Women, UNIFEM), Tanja Dedovic (International Organization for Migration, IOM), Kareen Jabre (Inter-Parliamentary Union, IPU), Dubravka Šimonović (Chairperson, Committee on the Elimination of Discrimination against Women), Richard Pearshouse (Canadian HIV/AIDS Legal Network), and Nisha Varia (Human Rights Watch).

　専門家による論文を含む専門家会議に関する詳細は、次のウェブサイトを参照のこと。
　→http://www.un.org/womenwatch/daw/egm/vaw_legislation_2008/vaw_legislation_2008.htm

◇ 目　次 ◇

『女性に対する暴力に関する立法ハンドブック』について ………… 林　陽子…iii

◆ 前　　文 ……………………………アーシャ＝ローズ・ミギーロ…vii
謝　　辞 …………………………………………………………………ix

◆ 1　はじめに ――――――――――――――――――――――― 1
◆ 2　国際的および地域的な法と政策に関する枠組 ――――――― 5
　2.1　国際的な法と政策に関する文書および先例 ……………………… 5
　　2.1.1　国際人権条約 ……………………………………………………… 5
　　2.1.2　他の国際条約 ……………………………………………………… 7
　　2.1.3　国際的な政策文書 ………………………………………………… 9
　2.2　地域的な法と政策に関する文書および先例 ……………………… 10
　2.3　モデルとなる法と戦略 …………………………………………… 13
◆ 3　女性に対する暴力に関する法のモデル枠組 ――――――― 17
　3.1　人権に基づく包括的アプローチ …………………………………… 17
　　3.1.1　ジェンダーに起因する差別の一形態としての女性に対する暴力 ……… 17
　　3.1.2　包括的な立法アプローチ ………………………………………… 18
　　3.1.3　すべての女性に対する法の平等な適用と多様な差別に取り組むため
　　　　　の手段 …………………………………………………………… 19
　　3.1.4　ジェンダーに配慮した立法 ……………………………………… 20
　　3.1.5　慣習法および（または）宗教法と制定法による司法制度との関係 …… 21
　　3.1.6　矛盾する法規定の改正および（または）削除 ………………… 22
　3.2　履　　行 …………………………………………………………… 23
　　3.2.1　国の行動計画または戦略 ………………………………………… 23
　　3.2.2　予　　算 ………………………………………………………… 24
　　3.2.3　公務員に対する研修と能力向上 ………………………………… 25
　　3.2.4　専門の警察および検察の部門 …………………………………… 26
　　3.2.5　専門の裁判所 …………………………………………………… 27
　　3.2.6　行政による手順、指針、基準、規則 …………………………… 28
　　3.2.7　立法した条文の施行期限 ………………………………………… 29
　　3.2.8　関連機関による法令遵守違反への罰則 ………………………… 30

目　　次

3.3　監視と評価 …………………………………………………………… 30
　3.3.1　履行を監視するための具体的な制度的メカニズム ………… 30
　3.3.2　統計データの収集 ……………………………………………… 32
3.4　定　　義 ………………………………………………………………… 33
　3.4.1　女性に対する暴力の定義 ……………………………………… 33
　3.4.2　DV の定義 ……………………………………………………… 34
　　3.4.2.1　DV の形態に関する包括的定義…(34)
　　3.4.2.2　法により保護される人の範囲…(36)
　3.4.3　性暴力の定義 …………………………………………………… 37
　　3.4.3.1　夫婦間レイプを含む、強かん等の性暴力の広範な犯罪の定義…(37)
　　3.4.3.2　セクシュアル・ハラスメントの定義…(40)
3.5　防　　止 ………………………………………………………………… 41
　3.5.1　女性に対する暴力の防止に関する条文の包摂 ……………… 41
　3.5.2　意識の向上 ……………………………………………………… 42
　3.5.3　教育カリキュラム ……………………………………………… 43
　3.5.4　メディアに対する配慮 ………………………………………… 44
3.6　被害者への保護、支援、援助 ………………………………………… 45
　3.6.1　包括的かつ総合的な支援サービス …………………………… 45
　3.6.2　レイプ・クライシスセンター ………………………………… 47
　3.6.3　雇用における被害者支援 ……………………………………… 47
　3.6.4　被害者の居住権 ………………………………………………… 48
　3.6.5　被害者への財政的支援 ………………………………………… 49
3.7　移民女性の権利 ………………………………………………………… 50
　3.7.1　女性に対する暴力の被害者のための独立した、かつ適切な移民としての地位 …………………………………………………………… 50
　3.7.2　国際結婚の斡旋業者に対する規制と「メールオーダー・ブライド」の権利の保障 ……………………………………………………… 51
3.8　捜　　査 ………………………………………………………………… 52
　3.8.1　警察官の義務 …………………………………………………… 52
　3.8.2　検察官の義務 …………………………………………………… 53
　3.8.3　積極的逮捕および積極的起訴の方針 ………………………… 55
3.9　法的手続および証拠 …………………………………………………… 57
　3.9.1　調停の禁止 ……………………………………………………… 57
　3.9.2　適時かつ迅速な手続の奨励 …………………………………… 57
　3.9.3　独立した法律相談と仲裁機関を含む、無料の法律扶助、通訳、法廷支援 …………………………………………………………… 58
　3.9.4　法的手続における被害者の権利 ……………………………… 60
　3.9.5　証拠の収集とそれらの提出に関連する問題 ………………… 62
　3.9.6　被害申告の遅延による不利益な推定の禁止 ………………… 63

     3.9.7　性暴力に関する法的手続からの差別的な要素の排除 ……………… 64
       3.9.7.1　警告原則・補強証拠原則の排除…(64)
       3.9.7.2　被害者の過去の性的経歴の不提出…(65)
     3.9.8　「虚偽供述」の不処罰 ………………………………………………… 66
   3.10　保護命令 ………………………………………………………………… 67
     3.10.1　女性に対するあらゆる形態の暴力に対する保護命令 …………… 67
     3.10.2　保護命令と他の法的手続の関連性 ………………………………… 68
     3.10.3　保護命令の内容と発令 ……………………………………………… 68
     3.10.4　緊急命令 ……………………………………………………………… 70
     3.10.5　審理後の命令 ………………………………………………………… 71
     3.10.6　保護命令の申立人 …………………………………………………… 71
     3.10.7　保護命令の発令にとっての被害者の十分な証拠 ………………… 72
     3.10.8　DV事件の場合における保護命令に特有な問題 ………………… 73
       3.10.8.1　立法は、当事者双方に対する保護命令、および挑発的な行動を
              理由とする出頭命令を含まないこと…(73)
       3.10.8.2　保護命令手続における子の監護権への対処…(74)
     3.10.9　保護命令違反に対する刑事罰 ……………………………………… 75
   3.11　判　　決 ………………………………………………………………… 76
     3.11.1　犯罪の重大さと比例する量刑 ……………………………………… 76
     3.11.2　量刑における減免および例外の排除 ……………………………… 76
     3.11.3　DVの再犯者・累犯者／悪質なＤＶの加害者に対する刑の加重 …… 77
     3.11.4　DV事件における罰金刑への配慮 ………………………………… 78
     3.11.5　被害者に対する原状回復および補償 ……………………………… 78
     3.11.6　加害者更生プログラムと代替判決 ………………………………… 79
   3.12　民事訴訟 ………………………………………………………………… 80
     3.12.1　加害者に対する民事訴訟 …………………………………………… 80
     3.12.2　第三者に対する民事訴訟 …………………………………………… 81
   3.13　家　族　法 ……………………………………………………………… 82
   3.14　難　民　法 ……………………………………………………………… 84

◆ **4　女性に対する暴力に関する法案を起草する際のチェックリスト** ── 85
   段階1：法の目的を明記する ………………………………………………… 85
   段階2：関係者への意見聴取を行う ………………………………………… 85
   段階3：法案を起草する際、証拠に基づく取組を行う …………………… 86

◇ 日本の立法に求められていること ……………………………… 雪田樹理 … 87

あとがき ……………………………………………………………… 伊藤和子 … III

女性に対する暴力に関する立法ハンドブック

◆ 1　はじめに

　包括的な立法は、女性に対する暴力に向けて効果的かつ協調した対応をとるために必須である。国際法の下で、国家は女性に対するあらゆる形態の暴力に取り組むための法を制定し、履行し、監視するよう、明確に義務づけられている。過去20年間にわたり、多くの国家が女性に対する暴力に関する法を制定し、改正してきた[1]。しかしながら、依然として大きなギャップが残ったままである[2]。多くの国家では、女性に対する暴力に具体的に取り組むための適切な法の条項が存在しておらず、そのような法が制定されている場合においても、しばしば、その範囲や適用範囲に限界があるか、施行にいたっていないという問題がみられる。

　国連事務総長の呼びかけによる「団結しよう、女性に対する暴力を終わらせるために」キャンペーン（UNiTE To End Violence Against Women）は、2015年までにすべての国で達成されることを目標として5つの項目を掲げており、女性や少女に対するあらゆる形態の暴力に対応し、これらを処罰するための国内法を国際人権の基準にあわせて制定し、施行することが、これらの目標の一つとして挙げられている[3]。このハンドブックは、女性に対する暴力を防止し、加害者を処罰し、いかなる場所においても被害者の権利が保障される法を制定し、その効果的な履行を支援するために、すべての関係者に対して詳細なガイダンスを与えることを目的として作成されたものである。このハンドブックは、特に女性に対する暴力という惨事に対応するために、確固とした法的基盤を適切に作るための取組をしている政府関係者、国会議員、市民社会、国連機関のスタッフ、および他の関係者にとって有用なものとなることが望まれる。

---

[1]　制定された法に関する詳細な情報は、オンライン上の国連事務総長の女性に対する暴力に関するデータベースでみることができる。
　　→http://www.un.org/esa/vawdatabase（2009年4月8日最終閲覧）
[2]　国連（2006）「女性に対する暴力を終わらせるために──言葉から行動へ──、国連事務総長調査」（*Ending Violence Against Women: from words to action, Study of the Secretary-General*）」（A/61/122/Add.1 and Corr.1）を参照にすること。とりわけ、国際人権条約の各機関に関して書かれた96-97頁。
[3]　国連事務総長による「団結しよう、女性に対する暴力を終わらせるために」キャンペーンの詳細に関しては、次のURLを参照のこと。　→http://endviolence.un.org/

1　はじめに

　このハンドブックは、最初に国家が女性に対する暴力に対応するための包括的かつ効果的な法を制定し、履行することを義務づける国際的および地域的な法と政策に関する枠組を概説する。次に、女性に対する暴力に関する立法のモデル枠組を14項目に分けて示す。最後に、女性に対する暴力に関する法案を起草するときに考慮すべき点として念頭においておくべき留意点のチェックリストを利用者に示す。このリストは、立法上の明確な目標を特定すること、すべての関係者、特に被害者との包括的かつ統合的協議を持つこと、および法案の起草に向けては証拠に基づくアプローチを採用することの重要性を強調している。

　女性に対する暴力に関する立法のモデル枠組には、法の内容に関する勧告に加え、その解説と模範的実施例が示されている。この枠組に含まれる勧告の多くは、あらゆる形態の女性に対する暴力への対応が可能なものであるが、ドメスティック・バイオレンス（訳者注　以下、DVという）や性暴力のような特定の形態の暴力について詳しく述べているものもある。

　この枠組が取り扱う項目は、次の通りである。(a)総論、履行および評価（**3.1**–**3.3**）、(b)暴力の形態に関する定義（**3.4**）、(c)防止（**3.5**）、(d)被害者の保護、支援および権利（**3.6**–**3.7**）、(e)捜査、起訴および判決（**3.8**–**3.11**）、(f)民事訴訟関連の問題（**3.12**）、家族に関係する問題（**3.13**）、および難民法（**3.14**）である。また、これらの項目の主な論点は、下記の通りである。

　3.1は、あらゆる形態の女性に対する暴力の犯罪化、実効的な起訴、加害者の処罰のみならず、暴力の防止、被害者へのエンパワメント・支援・保護を含む、包括的な立法アプローチを採用することの重要性を強調している。また、女性に対する暴力が、ジェンダーに起因する差別、および女性の人権の侵害の一形態であることを法が明確に認識すべきことを勧告している。

　3.2は、法が効果的な履行、評価、監視のための条項を含むべきであること、および法は、包括的な国内の行動計画ないし戦略と有機的な結びつきがあることを規定するだけなく、法の履行のための予算を命じ、法の完全かつ効果的な履行のために必要とされる法令、規則、手続の策定を定め、また関係するすべての公務員に対する研修を求めるべきであることを勧告している。**3.2**はまた、法が女性に対する暴力に関する法を履行するための専門の機関や公務員の創設を命じることを勧告している。

　3.3は、法の履行を監視することが極めて重要であることを強調するととも

に、この任務を遂行するための各関連部門からなる作業部会や委員会、あるいは調査報告者といった制度的なメカニズムを法によって確立することを勧告している。また、効果的な履行と監視に必要とされる十分な合理的根拠を確保するために、法が定期的な統計データの収集と調査を命じることを勧告している。

3.4は、国際人権の基準に沿って、あらゆる形態の女性に対する暴力の幅広い定義を持つ法の制定を求めており、DVや性暴力がどのように定義されるべきかについての詳細な勧告を示している。

3.5は、法が暴力の防止を優先させ、女性に対する暴力を終わらせるために、意識向上のためのキャンペーン、情報メディアへの配慮、および教育カリキュラムに女性に対する暴力や女性の人権に関する教材を入れることを含む、幅広い措置をとるよう規定することを勧告している。

3.6は、被害者のエンパワメント、支援、保護を規定する立法の必要性に焦点を当てている。そのなかで、被害者が包括的かつ統合された支援サービスや援助にアクセスすることを確保するための条項の制定を勧告している。

3.7は、暴力の被害者である移民女性の権利を保障する具体的な条項を法のなかに規定することを勧告している。

3.8は、女性に対する暴力の事件において、警察と検察官に対する具体的な義務を立法化することの重要性を強調している。

3.9は、被害者が法的手続を通じて二次被害を受けることを防止する目的で詳細にわたる勧告を示している。本項目は、証拠に関する規則、証拠収集、訴訟手続、および法的手続における被害者の権利について扱ったものである。

3.10は、女性に対する暴力事件における保護命令をどのように立法するかについて、実質的な指導を示している。また、このような命令に対するあらゆる違反行為を犯罪化するよう求めている。

3.11は、女性に対する暴力事件における判決が、犯した犯罪の重さと比例する量刑となることを確保するための立法を求めている。たとえば、強かんを犯した者がその被害者と結婚する場合、あるいはいわゆる、名誉犯罪と呼ばれる事件等のある一定の状況において、女性に対する暴力の加害者が、その罪を免除、あるいは減免されることを認めるような条項を取り除くよう勧告している。

3.12は、民事訴訟が刑事訴追や民事上の保護命令、および他に利用できる法的救済手段を補完、あるいは代替するものとして有益な役割を果たす場合があることに着目している。

1　はじめに

3.13は、家事手続において、女性に対する暴力に配慮を示し、かつ適切な考慮がなされることを確保するために、家族法が精査され、改正されることを勧告している。そのなかで、離婚給付、家族が住んでいた住居に住み続ける権利の問題を含む、特に留意すべき事項を記している。

3.14は、難民法の目的に即して、女性に対する暴力が迫害を構成すること、またそのような暴力の被害者が「特定の社会集団」を構成することを認めている。

立法のモデル枠組に関するパワーポイントによるプレゼンテーションと、2名の専門家が対話方式で、モデル枠組の主要な勧告に着目し、実践における重要性について解説するビデオ、および、ハンドブックの電子版が女性の地位向上部の次のウェブサイト上で入手可能である。→http://www.un.org/womenwatch/daw/vaw/v-handbook.htm

これらの資料は、立法のためのモデル枠組を理解し、活用するためのさらなるツールとして、利用者に提供することを目的に作成されたものである。

なお、このハンドブックの利用者には、人身売買に関する具体的な法の条項を提示するために、国連薬物犯罪事務所（UNODC）によって開発された人身売買に対するモデル法（*Model Law Against Trafficking in Persons*）を参照していただきたい[4]。

また、国連の政府間レベルの機関で採択された女性に対する暴力に関する決議、および女性に対する暴力に関する国連諸機関や他の組織による取り組みへのリンクを含むさらなる情報については、女性の地位向上部の女性に対する暴力に関するウェブサイトを参照していただきたい。→http://www.un.org/womenwatch/daw/vaw

---

[4]　オンライン上では次のURLから読むことができる。
　　→http://www.undoc.org/undoc/en/human-trafficking

◆ 2　国際的および地域的な法と政策に関する枠組

　女性に対する暴力は、この20年間かけてようやく、差別の一形態であり、女性の人権に対する侵害として理解されるようになってきた。今日においては、女性に対する暴力、およびそれに取り組むための法の制定義務が、国際的および地域的なレベルでの包括的な法と政策の枠組における主題となっている。

2.1　国際的な法と政策に関する文書および先例
2.1.1　国際人権条約
　時代の経過とともに、国際人権条約の履行状況を監視するために設置された条約機関は、女性に対する暴力への取組に関する締約国の義務について、徐々に取り上げるようになってきた。女性差別撤廃委員会は、女性に対する暴力の問題を扱っている一般的勧告19号（1992）において、「国家は、一般の国際法、および特定の人権規約の下で、権利の侵害の防止、あるいは暴力行為の捜査、および処罰を行うために、相当な注意をもって行動することを怠ったときには、私人による行為であっても責任を負うものであり、補償する責任を負わされる可能性がある」ことを確認している[5]。女性差別撤廃委員会は、締約国に対し、国内法の枠組に関して、以下のことを勧告した。

- 家族間の暴力、虐待、レイプ、性暴力、および他のジェンダーに起因する暴力に対して、法がすべての女性に適切な保護を与え、女性の保全と尊厳を尊重することを確保すること[6]。および、
- ジェンダーに起因する暴力から女性を効果的に保護するために必要とされるすべての法的、および他の措置を講ずるべきである。それには、刑事罰による制裁や民事的救済および補償の提供を含む、女性をあらゆる種類の暴力から保護するための効果的な法的措置が含まれること[7]。

　また、同委員会は、締約国に対し、女性差別撤廃条約の下で作成する報告書のなかに、女性に対する暴力を克服するためにとられてきた法的措置、およびそのような措置の効果についての情報を盛り込むよう要請した[8]。同様に、自

---
[5]　女性差別撤廃委員会　一般的勧告19号（1992年）　女性に対する暴力　パラグラフ9
[6]　女性差別撤廃委員会　同上、パラグラフ24(b)
[7]　女性差別撤廃委員会　同上、パラグラフ24(t)

2 国際的および地域的な法と政策に関する枠組

由権規約委員会は締約国に対し、市民的および政治的権利に関する国際規約[9]の下で作成する報告書のなかに「レイプを含む、女性に対するDVと他の種類の暴力に関する国内法と実行に関する情報」を示すよう要請した。すなわち、現在では、女性に対する暴力に関する関連情報を人権条約機関に報告することが締約国の慣行となっているのである。

締約国が提出した報告書の審査の過程で、条約機関は締約国の法制度のなかに女性に対する暴力を犯罪化するための具体的な法、ないしは明確な条項が欠如していること、および（あるいは）暴力に対する女性の脆弱性を増大させるような差別的な法が残っていることについて、懸念を示してきた。また、条約機関は、法の適用範囲や対象を含む現行法の問題、および法が効果的に履行されていない問題についての懸念を表明してきた。さらには、条約機関は慣習法が成文法と並んで効力を有している国において、女性を暴力から保護するための法が制定されているにもかかわらず、差別的な慣習法が使われ、実際に適用されていることに懸念を示してきた。

これらの懸念に照らして、条約機関、特に女性差別撤廃委員会は締約国に対し、以下のことを確保するよう求めてきた。

- 女性に対する暴力が訴追され、処罰されること。
- 暴力の被害女性が救済と保護を受けるための迅速な手段を有すること。および、
- 公務員、特に法執行機関の職員、裁判官、保健医療に従事する者、ソーシャルワーカー、および教員が適用可能な条項を完全に熟知しており、また、これらの人々が女性に対する暴力に関する社会的文脈に配慮を示すこと。

また、女性差別撤廃委員会は、女性差別撤廃条約の選択議定書に基づく作業の一環として、締約国は女性に対する暴力に取り組むための法を制定し、履行し、および監視する義務を有していると述べてきた。A.T.対ハンガリーのケース（*A. T. v. Hungary*）[10]において、同委員会はDVとセクシュアル・ハラス

---

[8] 女性差別撤廃委員会　同上、パラグラフ24(v)、および女性差別撤廃委員会　一般的勧告12号（1989年）　パラグラフ1を参照のこと。
[9] 自由権規約委員会　一般的勧告28号（2000年）3条（両性の権利の平等）
[10] *A. T. 対ハンガリーのケース*　通報番号 No.2／2003　見解採択日2005年1月26日
→http://www2.ohchr.org/english/law/docs/Case2_2003.pdf を参照のこと。

メントをなくすための具体的な法の制定がなされていなかったために、人権と基本的自由、特に個人の安全への権利が侵害されたと判断した。サヒーダ・ゴエクジェ（故人）対オーストリア（Sahide Goekce [deceased] v. Austria）[11]のケースやファーティマ・ユルドゥルム（故人）対オーストリア（Fatma Yildirim [deceased] v. Austria）[12]のケースにおいて、同委員会は締約国に対し、「相当な注意を払って、そのような女性に対する暴力を防止し、それに向けて対応するとともに、そのようにできなかった場合には、適切な制裁措置をとることによって、*家族間の暴力からの保護に関する連邦法*（Federal Act for the Protection against Violence within the Family）、および関連する刑事法の履行と監視を強化する」よう勧告した[13]。メキシコのチワワ州のシウダフアレス、およびその周辺で起きている女性の誘拐、レイプ、殺害に関する調査手続において、同委員会は選択議定書第8条に基づき、メキシコに対し、「女性に対する暴力が基本的人権の侵害にあたるとする観点から、法を実質的に改正するために、すべての州と市の当局にそのような解釈が必要であることを認識させる」よう勧告した[14]。

2.1.2 他の国際条約

　国際人権条約に加え、他の国際文書も女性に対する暴力に取り組むための法の制定義務を締約国に課している。これらの文書には、国際的な組織犯罪の防止に関する国連条約を補足する人（特に女性および子ども）の取引を防止し、

---

[11] サヒーダ・ゴエクジェ（故人）対オーストリア　通報番号 No.5／2005　見解採択日2007年8月6日
　　→http://daccessdds.un.org/doc/UNDOC/GEN/N07/495/43/PDF/N0749543.pdf?Open Element を参照のこと。
[12] ファーティマ・ユルドゥルム（故人）対オーストリア　通報番号 No.6／2005　見解採択日2007年8月6日
　　→http://daccessdds.un.org/doc/UNDOC/GEN/N07/495/37/PDF/N0749543.pdf?Open Element を参照のこと。
[13] サヒーダ・ゴエクジェ（故人）対オーストリア　前掲注[11]　パラグラフ12.3(a)、およびファーティマ・ユルドゥルム（故人）対オーストリア　前掲注[12]　パラグラフ12.3(a)
[14] 女性差別撤廃条約の選択議定書第8条に基づき、女性差別撤廃委員会が作成したメキシコに関する報告書、およびメキシコ政府から出された回答。CEDAW/C/2005/OP.8/MEXICO　パラグラフ286、および
　　→http://www.un.org/womenwatch/daw/cedaw/cedaw32/CEDAW-C-2005-OP.8-MEXICO-E.pdf を参照のこと。

2 国際的および地域的な法と政策に関する枠組

抑止し、および処罰するための議定書（パレルモ議定書）、および国際刑事裁判所に関するローマ規程が含まれている。

パレルモ議定書は、締約国に以下のことを求めている。

- 故意の人身売買を犯罪として成立させるために、法による措置、および他の必要な措置を講ずること（第5条）。
- 国内法、あるいは行政制度のなかに、加害者に対する刑事手続の過程で、被害者が裁判手続や行政手続に関する情報、および意見や懸念を表明できるような支援を与えられることを目的とする措置を含むことを確保すること（第6条）。
- 国内の法制度のなかに、被害者が被った損害に対する補償を得ることができるような措置が含まれることを確保すること（第6条）。
- すべての人、特に女性と子どもに対するあらゆる形態の搾取を助長し、人身売買につながるような需要を抑制するための法による措置、あるいは他の措置を講ずること、ないしは強化すること（第9条）。
- 適切な場合には、人身売買の被害者が一時的、あるいは永続的にその領域内にとどまることを認めるような立法措置、あるいは他の措置を講ずることを考慮すること（第7条）。

ローマ規程は、現在までの国際刑事法の下で、ジェンダーに起因する暴力を犯罪として最も広く法的に認識する規定を設けている。同規程第7条(1)(g)は、「あらゆる文民を対象に、広くあるいは組織的になされる攻撃の一部として」行われる「レイプ、性奴隷化、強制売春、強制妊娠、強制不妊、あるいはこれらと同等に重大である他のあらゆる形態の性暴力」を人道に対する罪の分類に入れている。同規程第8条(2)(b)(xxii)では、これらと同様の犯罪が国際的な武力紛争に適用される法や慣例に対する重大な違反行為にあたり、それにより戦争犯罪として分類されるものとして挙げられている。同規程に導入された補完性の原則によって、ジェノサイド、人道に対する罪、および戦争犯罪の責任を有する者を処罰するための第一義的責任は締約国が負う。同規程の前文は、「すべての締約国には、国際的な犯罪についての責任を有する者に対する刑事裁判権を行使する義務がある」ことを示している。それゆえに、「すべての他の国家と、すべての締約国にとって、国際法にしたがって犯罪を定義するための現行法の改正、あるいは新法の制定が必須である」ことが議論されてきた[15]。

2.1.3 国際的な政策文書

　先に概略を示した国際条約や議定書は、女性に対するあらゆる形態の暴力に取り組むための法的枠組を強化するために、国家や他の関係者が講ずるべき措置に関して詳細な指導を示した政策文書が国際的なレベルで作成されてきたことにより、補完されてきた。これらの文書には、国連の主要機関によって採択された宣言や決議、国連主催の会議やサミットのなかで発案された文書も含まれている。たとえば、1993年に国連総会で採択された、女性に対する暴力の撤廃に関する宣言[16]第4条は、加盟国に以下のことを求めている。

- 女性に対する暴力を非難し、そのような暴力を根絶するための義務を避けるために、慣習、伝統、あるいは宗教を援用しないこと。
- 被害者に加えられた不当な行為を処罰し、被害者への救済を行うために、国内法において刑事、民事、労働、および行政上の制裁を整備すること。
- 法制度のメカニズムへのアクセス、および国内法で規定されているように、被害者が公正、かつ効果的な救済へのアクセスを提供されるようにすること。および、
- 被害者が、ジェンダーに対する配慮がみられない法や執行上の慣行、あるいは他の干渉による二次被害を受けないことを確保すること。

同様に、1995年に北京で開かれた第4回世界女性会議において採択された、北京行動綱領[17]も、各国政府に以下のことを求めている。

- 被害者に加えられた不当な行為を処罰し、および被害者を救済するために、国内法のなかに刑事、民事、労働、および行政上の制裁を盛り込み、それらを強化すること。
- 暴力の防止と加害者の訴追を強調しながら、女性に対する暴力の根絶に向けての実効性を確保するための法の制定、履行、見直しを行うこと。
- 暴力にさらされている女性の保護、被害者への補償・賠償、および被害者

---

[15]　アムネスティ・インターナショナル（Amnesty International）「国際刑事裁判所――効果的な履行のためのガイドライン」（*International Criminal Court: Guidelines for Effective Implementation*）。オンライン上では次のURLから読むことができる。
　→http://www.amnesty.org/en/library/info/IOR40/013/2004/en/
[16]　国連総会決議48/104、1993年12月19日
[17]　国連出版（United Nations Publication, Sales No. E. 96. IV. 13）「第4回世界女性会議報告書（北京、中国、1995年9月4日～15日）」（*Report of the Fourth World Conference on Women*, Beijing, China, 4-15 September 1995）のパラグラフ124を参照のこと。

の回復を含む、公正かつ実効的な救済へのアクセス、および加害者の更生を確保するための措置を講ずること。

2000年に北京行動綱領の5年間の実施状況に対する評価と見直しが行われた際にも、各国政府に対し、これらの要請が再びなされた[18]。

近年、国連総会は女性に対する暴力全般、および女性や女児の人身売買、女性や女児の健康に影響を与える伝統的ないしは慣習的な風習、「名誉」の名の下に行われる女性に対する犯罪、女性に対するDVの問題を含む、女性に対する暴力の具体的な形態とその兆候に取り組んできた[19]。関連する決議のなかで、国連総会は加盟国に対し、法的枠組を強化するよう繰り返し求めてきた[20]。たとえば、2006年12月19日に採択された、女性に対するあらゆる形態の暴力を根絶するための取組の強化に関する決議61／143は、女性に対するあらゆる形態の暴力を犯罪化する必要性を強調し、さらには加盟国に対し、女性に対する差別や女性に差別的な影響を与えるような法律と規則の見直し、ないしはそれらの廃止、および多様な法制度における条項が国際人権上の義務にかなったものとなることを確保するよう要請している。同じテーマに関する2008年12月18日の決議63／155は、加盟国に対し、女性に対する暴力に関する法や規則、その手続の効果の査定と評価、あらゆる形態の女性に対する暴力に関連する刑法とその手続の強化、および女性に対する暴力の防止を目的とする法的手段との連携等を含む、女性に対する暴力への不処罰と女性に対する暴力に寛容な文化を終わらせるために最善の実施例の活用を求めている。

2.2 地域的な法と政策に関する文書および先例

上述の国際的な法と政策に関する枠組は、地域レベルでのさまざまな法と政策の枠組の採択を伴ってきた。ベレン・ド・パラ（*Belém do Pará*）条約として知られている、女性に対する暴力の防止、処罰、根絶に関する米州条約（*Inter-American Convention on the Prevention, Punishment, and Eradication of Violence against Women*）は、女性に対する暴力の根絶に限定して焦点を当てた唯一の

---

[18] 国連総会決議S23／3の付属書のなかのパラグラフ69を参照のこと。
[19] 女性の地位委員会、人権委員会（人権理事会に改組された）、および犯罪防止刑事司法委員会を含む経済社会理事会の機能委員会もまた、女性に対する暴力に関する決議を定期的に採択してきた。
[20] たとえば、国連総会決議63／155、61／143、59／166、58／147、および56／128を参照のこと。

条約である。同条約は締約国に対し、女性に対する暴力を防止し、捜査し、刑罰を科す際に相当の注意を払うことを求めており、法を制定することの国家の義務に関する詳細な条項を含んでいる。同条約第7条の下で、締約国は以下のことを義務づけられている。

- 加害者が女性に対する嫌がらせ、脅迫、威嚇をしないようにするための法的措置を講ずること。
- 現行法の改正、ないしは女性に対する暴力の存続と容認を維持するような法的、あるいは慣習的な慣行を修正するための立法的措置を含む、すべての適切な措置を講ずること。
- 被害者にとって公正、かつ効果的な法的手続を確立すること。および、
- 被害者が公正、かつ効果的な救済に実効的にアクセスできることを確保するための法的、および行政的メカニズムを確立すること。

人および人民の権利に関するアフリカ憲章への女性の権利に関する議定書 (*Protocol to the African Charter on Human and People's Rights on the Rights of Women in Africa*) は、多くの条項のなかで女性に対する暴力について言及しており、法改正に関する義務を設定している。同議定書の下では、締約国に以下のことが求められている。

- あらゆる形態の女性に対する暴力を禁止するための法を制定し、施行すること（第4条2項）。
- あらゆる形態の女性に対する暴力を確実に防止し、処罰し、根絶するための法的、行政的、社会経済的措置を講ずること（第4条2項）。
- 有害な慣行を取り除くために必要とされるすべての法的、および他の措置をとること（第5条）。および、
- 両当事者の自由で完全な同意なしには婚姻が成立しないこと、また女性の婚姻最低年齢を18歳であることを確保するための国内法措置を講ずること（第6条）。

南アジアでは、南アジア地域協力連合（SAARC）が、買春を目的とした女性および子どもの人身売買の防止および撲滅に関する条約（*Convention on Preventing and Combating the Trafficking in Women and Children for Prostitution*）を採択しており、締約国には同条約第3条の規定により、各々の国の刑法の下で人身売買が犯罪とされること、および適正な刑罰によって処罰され得ることを確保するために効果的な措置を講ずることが義務づけられた。

2　国際的および地域的な法と政策に関する枠組

2008年2月には、人身売買に反対する行動に関する欧州評議会条約（Council of Europe Convention on Action against Trafficking in Human Beings）が発効した。同条約は締約国に対し、人身売買と関連する犯罪を犯罪化するよう義務づけている[21]。法は、「実効性があり、相応なもので、かつ抑止的なものとなるような制裁」をもって、それらの犯罪が処罰されることを確保するものでなければならない[22]。また、同条約は被害者の回復を支援し、被害者への補償を行うために、法的措置あるいは他の措置を講ずることを締約国に義務づけている[23]。

また、欧州評議会閣僚委員会の2002年の勧告5に基づいて、加盟国には、女性を暴力から保護するための行動をとることが義務づけられている。同勧告は加盟国に対し、以下のことが確保されるよう促している。

- すべての暴力行為が処罰され得ること。
- 加害者に対し、迅速かつ効果的な行動がとられること。および、
- 被害者に対し、救済・補償、保護、支援を提供すること。

地域レベルでの法と政策に関する文書の発展に加え、地域的な人権条約の下で女性に対する暴力に関する判例の蓄積も増加している。欧州人権裁判所と米州人権委員会が審理したケースは、国家に対し、以下のことを指示している。

- 適正な刑事法を制定すること。
- 現行の法と政策を見直し、修正すること。および、
- 法の施行方法を監視すること。

XおよびY対オランダ（X and Y v. the Netherlands）[24]のケースにおいて、欧州人権裁判所は、精神障がいのある若い女性に対するレイプ事件に適用し得る適正な刑事法の制定を怠ったことにより、オランダが人権と基本的自由の保護のための欧州条約（European Convention for the Protection of Human Rights and Fundamental Freedom）第8条に規定されている、人権に対する責任を履行しなかったとの判断を示した。女性に対する差別を撤廃するために、現行の法と

---

[21]　人身売買に反対する行動に関する欧州評議会条約第18～20条
[22]　同上第23条1項
[23]　同上第12条1項、および第15条
[24]　XおよびY対オランダ、欧州人権裁判所、申立番号8978./80、1985年
　　→http://cmiskp.echr.coe.int/tkp197/view.asp?item=1&portal=hbkm&action=html&highlight=x%20%7C%20y%20%7C%20netherlands&sessionid=21406792&skin=hudoc-en を参照のこと。

政策の見直し、およびその修正を行う必要性については、米州人権委員会が強制不妊の問題を扱った、マリア・マメリタ・メスタンザ・チャベス対ペルー（*Maria Mamerita Mestanza Chávez v. Peru*）[25]のケースにおいて言及されている。*M.C.* 対ブルガリア（*M. C. v. Bulgaria*）[26]のケースでは、欧州人権裁判所が法の施行方法を監視することの重要性について強調した。このケースでは、ブルガリア刑法典のなかでレイプの禁止を規定している条文が、被害者による身体的抵抗についていかなる要件も定めていなかったにもかかわらず、レイプの訴追を求める際には、実際上、身体的抵抗が求められるように見えると判断された。法を適切に履行することの重要性については、米州人権委員会がDVの捜査における大幅な司法上の遅延と機能不全を理由に、ブラジル政府の人権義務違反を認めたマリア・ダ・ペンニャ対ブラジル[27]のケースにおいても強調されている。

2.3 モデルとなる法と戦略

　各国に課せられている女性に対する暴力に取り組むための義務は、立法によるものも含めて分類化されており、これまでにさまざまな関係者が行動を促進し、奨励するためのモデルとなる法、戦略およびその措置を開発してきた。1996年には、女性に対する暴力とその原因、および結果に関する国連特別報告者が、DVに関するモデルとなる法の枠組を示した[28]。この枠組は加盟国に対

---

[25] マリア・マメリタ・メスタンザ・チャベス対ペルー、米州人権委員会、個人請願手続番号12.191、報告書番号71／03、2003年。
　→http://www.cidh.oas.org/annualrep/2003eng/Peru.12191.htm を参照のこと。
[26] *M.C.* 対ブルガリア、欧州人権裁判所、申立番号39282／98、2003年12月4日、
　→http://cmiskp.echr.coe.int/tkp197/view.asp?item=1&portal=hbkm&action=html&highlight=Bevacqua%20%7C%20bulgaria&sessionid=21408082&skin=hudoc-en を参照のこと。
[27] マリア・ダ・ペンニャ対ブラジル、審理番号12.051、報告書番号54／01、OEA/Ser.L/V/II.111 Doc. 20 rev. at 704（2000）
　→http://www.cidh.oas.org/women/Brazil12.051.htm を参照のこと。
[28] 女性に対する暴力とその原因、および結果に関する国連特別報告者報告（1996）（Report of the Special Rapporteur on violence against women, its causes and consequences）、「モデルとなる法の枠組」（*A framework on model legislation*）, E/CN.4/1996/53/Add.2. また、女性に対する暴力とその原因、および結果に関する国連特別報告者（2009）「女性に対する暴力とその原因、および結果に関する国連特別報告者の15年（1994年〜2009年）——批評」（*Fifteen Years of the United Nations Special Rapporteur on violence against women, its causes and consequences (1994-2009)— A Critical Review*）を参照のこと。

2 国際的および地域的な法と政策に関する枠組

し、特に以下のような法の制定を求めている。
- DV の行為と DV が起きる関係について、可能な限り広い定義を含むこと。
- 申立のメカニズムと、DV が起きた場合、被害者が求めるすべての援助と保護に応じ、および被害者に被害者自身の法的権利についての説明を行わなければならないことへの警察官の義務を含むこと。
- 審尋なしの接近禁止命令や保護命令について規定すること。
- 刑事および民事手続の双方を扱うこと。および、
- 被害者のための支援サービス、加害者更生プログラム、および警察や司法関係者への研修に関する規定を設けること。

1997年、国連総会は、犯罪防止と刑事司法の分野における、女性に対する暴力の根絶についてのモデルとなる戦略と実践的な措置を採択した[29]。このモデルのなかの関連箇所は、加盟国に以下の点を求めている。
- 女性に対する暴力のすべての行為が禁止されることを確保するために、法の改正を行うこと（第6パラグラフ）。
- 訴追を開始する第一義的な責任を訴追機関が有すること、警察は現場に入り、女性に対する暴力の事件の加害者を逮捕することができること、被害者が証言しやすくなるための措置が利用できること、過去の暴力行為の証拠が裁判手続を通して考慮されること、および裁判所が保護命令や接近禁止命令を発令する権限を有すること、を確保するために、刑事手続を修正すること（第7パラグラフ）。
- 暴力行為に対する対応がなされること、および警察での手続が被害者の安全の必要性を考慮するものとなることを確保すること（第8パラグラフ【*c*】）。
- 量刑政策が加害者に責任をとらせるものとなるようにし、被害者への影響を考慮すること、および、他の暴力犯罪を起こした者に対する量刑政策と同程度のものとなることを確保すること（第9パラグラフ【*a*】）。

オンライン上では次の URL から読むことができる。
→http://www2.ohchr.org/english/issues/women/rapporteur/docs/15YearReviewofVAWMandate.pdf

[29] 国連総会決議52／86の付属書「女性に対する暴力を根絶するための犯罪防止と刑事司法の措置」(Crime prevention and criminal justice measures to eliminate violence against women)

2.3 モデルとなる法と戦略

- 刑事手続の開始前、その途中、および終了後の被害者と証人の安全を確保するための措置をとること（第9パラグラフ【h】）。
- 警察と刑事司法関係者に対する研修を規定すること（第12パラグラフ【b】）。

また、女性に対する暴力への取組についてのモデルとなるアプローチを開発するためのイニシアティブは、他にも次の機関や国家によって取り組まれてきた。それには、カリブ共同体（CARICOM）の事務局による1991年の取組[30]、世界保健機関（WHO）の地域事務局である汎米州保健機構（PAHO）が米州女性の地位向上委員会（CIMI/OAS）、国連人口基金（UNFPA）、国連女性開発基金（UNIFEM）、および地域のNGOと連携して行った2004年の取組[31]、オーストラリア等の様々な国家[32]や、アメリカ合衆国の全米少年・家庭裁判所裁判官協議会（National Council of Juvenile and Family Court Judges）[33]等の他の機関による取組がある。

---

[30] オンライン上では次のURLから読むことができる。
→http://www.caricom.org/jsp/secretariat/legal_instruments/model_legislation_women_issues.jsp

[31] オンライン上では次のURLから読むことができる。
→http://www.paho.org/Spanish/DPM/GPP/GH/LeyModelo.htm

[32] DVに反するパートナーシップ（1999）（Partnership Against Domestic Violence）「*DV法に関するモデル法についての報告*」（*Model Domestic Violence Laws Report*）
オンライン上では次のURLから読むことができる。
→http://www.ag.gov.au/www/agd/agd.nsf/Page/Publications_Modeldomesticviolencelaws-report-April1999

[33] コンラッド・N・ヒルトン基金諮問委員会（1994）（Advisory Commitee of the Conrad N. Hilton Foundation Model Code Project of the Family Violence Project）「*DVと家族間の暴力に関するモデル法典*」（*Model Code on Domestic and Family Violence*）
オンライン上では、次のURLから読むことができる。
→http://www.ncjfcj.org/images/stories/dept/fvd/pdf/modecode_fin_printable.pdf

3 女性に対する暴力に関する法のモデル枠組

3.1 人権に基づく包括的アプローチ

3.1.1 ジェンダーに起因する差別の一形態としての女性に対する暴力

◆ 勧 告

法は、
- 女性に対する暴力は差別の一形態であり、歴史的に不平等な男女間の権力関係の表れであり、また女性の人権に対する侵害であると認識すべきである。
- 両性の平等と政治的、経済的、社会的、文化的、市民的、およびあらゆる分野における人権と基本的自由の考えに基づき、婚姻状態の如何にかかわらず、女性が権利を認識し、権利を享受し、または権利を行使することを損なわせる、あるいは無効にすることを目的にする、ないしはそのような効果を持たせるような、性別を理由とするあらゆる区別、排除、あるいは制限を女性に対する差別として定義すべきである。および、
- あらゆる慣習、伝統、宗教に関する考慮が女性に対する暴力を正当化するために引き合いに出されることがあってはならないことを規定するべきである。

◆ 解 説

　過去20年にわたり、女性に対する暴力は、女性の人権の侵害とジェンダーに起因する差別の一形態として理解されるようになってきた。女性に対する暴力に関する法は、女性差別撤廃条約第1条、および女性差別撤廃委員会での一般的勧告12号（1989）と19号（1992）を踏まえたうえで、女性に対する暴力撤廃宣言（1993年国連総会決議48/104）に適合するものとなるべきである。

　女性に対する暴力を明確に差別の一形態、および人権侵害の一つとして認めるさまざまな法が生み出されてきた。そのなかには、具体的に国際的かつ地域的な人権に関する文書に言及しているものもある。たとえば、コスタリカの女性に対する暴力の犯罪化法（*Criminalization of Violence Against Women Law*）(2007) 第1条は、次のように述べている。「本法は、1995年5月2日の7499号法によって国内効力が認められた女性に対する暴力の防止、処罰、根絶に関する米州条約と1984年10月2日の6968号法によって国内効力が認められた女性差

3　女性に対する暴力に関する法のモデル枠組

別撤廃条約の下で国家が負っている義務にしたがい、暴力の被害者の権利を保護し、成人女性に対する身体的、心理的、性的、および世襲的暴力の諸形態をとりわけ婚姻や、宣言されたものであるか否かを問わず事実上の結合関係におけるジェンダーに基づく差別的な慣行として、処罰することを目的とするものである。」コスタリカ法における世襲的暴力という用語は、財産権や相続財産権の否定を意味している。グアテマラの女性殺害や他の形態の女性に対する暴力に関する法 (Law against Femicide and Other Forms of Violence Against Women) (2008) 第9条は、女性に対する暴力を正当化したり、あるいはそのような暴力の加害者の罪や責任を免除するために、慣習、伝統、文化ないしは宗教が引き合いに出されることがあってはならないと規定している。

3.1.2　包括的な立法アプローチ

◆ 勧　告

法は、
- あらゆる形態の女性に対する暴力を犯罪化し、防止、保護、被害者のエンパワメントと支援（健康面、経済面、社会面、精神面におけるもの）に関する項目、および加害者に対する適切な処罰と被害者が救済を利用できるようにするための項目を包含した、包括的および多領域にわたるものとなるべきである。

◆ 解　説

　今日まで、女性に対する暴力に関する多くの法は、主には犯罪化に焦点を当てたものであった。法的枠組は、たとえば、民法、刑法、行政法、憲法の分野を含む、広い法の領域を効果的に用いるために、これまでの限定されたアプローチを超えて、暴力の防止、被害者の保護と支援に取り組むことが重要である。たとえば、スペインのジェンダー暴力に対する総合的な保護対策に関する基本法 (Organic Act on Integrated Protection Measures against Gender Violence) (2004) は、暴力への敏感さ、防止、発見、および被害者の権利に関する条項を一体化させ、女性に対する暴力問題に取り組むために具体的に制度化されたメカニズムを作り、刑法の下での規制を導入し、さらには被害者のための法的保護を規定している。また、女性に対する暴力問題に取り組むために、法が分野横断的なアプローチをとることが重要である。1998年の"Kvinnofrid"と呼

ばれる一括法案の導入によってなされた、女性に対する暴力問題に関するスウェーデン刑法典の改正においては、警察、社会サービス、および保健医療に従事する者との間の連携の重要性が強調されている。

3.1.3 すべての女性に対する法の平等な適用と多様な差別に取り組むための手段

◆ 勧　告

法は、
- 人種、皮膚の色、言語、宗教、政治的あるいは他の意見、国籍あるいは社会的出自、財産、婚姻状態、性的指向、HIV/AIDS陽性であるか否か、移民あるいは難民としての地位にあるか否か、年齢、ないしは障がいの有無にかかわりなく、すべての女性を差別なく保護すべきである。および、
- 女性が有する暴力の経験は、たとえば、人種、皮膚の色、言語、宗教、政治あるいは他の意見、国籍あるいは社会的出自、財産、婚姻状態、性的指向、HIV/AIDS陽性であるか否か、移民あるいは難民としての地位にあるか否か、年齢、ないしは障がいがあるか否かといった要因によって形成されることを認識し、必要に応じて特定の女性のグループに対象を絞った施策を含めるべきである。

◆ 解　説

　女性に対する暴力に関する法は、ときに異なる女性グループ間を差別する条項を含み、および（あるいは）司法制度によってそのように適用されてきた。2004年に行われたトルコ刑法典の改正では、婚姻していない女性、または処女ではない女性に対する暴力事件における加害者への刑罰を軽減する、あるいは罰則を科さないとする条項を削除し、現在では法はすべての女性を等しく保護することを保障している。

　女性の暴力の経験、また女性の司法制度上の経験は、人種、皮膚の色、宗教、政治あるいはその他の意見、国籍あるいは社会的出自、財産、婚姻状態、性的指向、HIV/AIDS陽性であるか否か、移民あるいは難民としての地位、年齢、ないしは障がいの有無によって形成されるものである。多くの社会において、特定の民族、また人種のグループに属する女性たちは、民族、あるいは人種的なアイデンティティに基づく暴力と同様に、ジェンダーに起因する暴力をも経験している。法、あるいは必要に応じて法に付随する規則のなかで、複合差別

に苦しんでいる暴力の被害女性に対する適切、かつ配慮ある取扱をするための具体的な条項を作ることが重要である。アメリカ合衆国では、*先住民の法および秩序法案*（*Tribal Law and Order Bill*）(2008) が可決されれば、その第4編でアメリカ先住民女性に対するDVと性暴力の訴追と防止に関する具体的な条項を制定することになる。

3.1.4 ジェンダーに配慮した立法

◆勧 告
法は、
● ジェンダーに配慮し、ジェンダーを意識しないものであってはならない。

◆ 解 説

　ジェンダーに配慮を示すということは、女性と男性の間の不平等のみならず、女性と男性それぞれが求める特定のニーズを認識することである。女性に対する暴力に関する立法に向けてのジェンダーに配慮したアプローチとは、女性と男性の間では暴力の経験に差があるだけでなく、女性に対する暴力が歴史的に男性と女性の間に不平等な権力関係があることや、女性に対する差別を表すものであることを認めることである。

　暴力に関する法のなかにジェンダーへの配慮を確保するためにとられるべき最善の方法に関しては長い間、議論がなされてきた。特にラテンアメリカにおいては、女性に対する暴力をジェンダーに起因する差別の一形態であると認識し、女性の被害者の特定のニーズに着目する、ジェンダーに特化した法が重要であると考えられてきた。しかしながら、女性に対する暴力に関するジェンダーに特化した法は、男性や少年に対する暴力の訴追を認めず、いくつかの国においては、違憲であると訴えられる可能性もある。多くの国では、女性と男性の双方に適用できる、ジェンダーに中立な法を採択してきた。しかしながら、暴力の加害者がそのような法を巧みに操る可能性もある。たとえば、いくつかの国においては、暴力を受けた女性の被害者自身が自らの子どもを暴力から守る能力がないとして、訴えられてきた。また、ジェンダーに中立な法は、女性の暴力の経験を具体的に反映させるものではなく、あるいは女性の暴力の経験を取り上げるものではないために、（主には女性の）被害者の権利よりも、家族

の安定性を優先させる傾向にある。

　いくつかの法は、男性や少年に対する暴力の訴追を認めるようなジェンダーに中立な条項と、暴力を受けた女性の被害者の特定の経験やニーズを反映させた、ジェンダーに特化した条項を組み合わせている。たとえば、"Kvinnofrid"一括法案の導入によってなされた1998年のスウェーデン刑法典第4章の第4a条は、加害者が親密な関係にある、あるいはそうであった者に対し、たとえば身体的、あるいは性的虐待のような暴力を繰り返しふるったときに成立する「尊厳に対する重大な侵害」（gross violation of integrity）という中立な罪と、男性が女性に対して暴力をふるったときに、同じ要件によって成立する「女性の尊厳に対する重大な侵害」（gross violation of a woman's integrity）というジェンダーに特化した罪を含んでいる。オーストリアの刑事訴訟法典は、2006年以来、二次被害を避けるために、刑事手続において、暴力を受けた女性の被害者のための具体的な手続と権利を規定している。

3.1.5　慣習法および（または）宗教法と制定法による司法制度との関係

> ◆ **勧　告**
> 法は、
> - 慣習法および（または）宗教法と制定法による司法制度との間に不一致がある場合、被害者の人権に敬意をはらい、かつジェンダー平等の基準に沿って、問題が解決されるべきであることを規定しなければならない。および、
> - 慣習法および（または）宗教法の下で取り扱われるケースの訴訟手続において、制定法による司法制度の適用が妨げられることがないよう規定すべきである。

◆ **解　説**

　たとえば、被害者の家族や被害者が属するコミュニティに「補償」を行ったり、赦しのための儀式を執り行うことで慣習的な和解をさせる等の慣習法および（または）宗教法に基づく手続と手段を通じて、女性に対する暴力の事件を処理し続けている国が多数ある。そのような法の適用は、被害者の癒しや被害者への救済の提供に焦点をあてたものではないことから、問題をはらむものであることが明らかとされてきた。さらには、多くの実例において、慣習法およ

3 女性に対する暴力に関する法のモデル枠組

び（または）宗教法の利用は、被害者が制定法による司法制度の範囲内で救済を求めようとすることを妨げるものであることが分かってきた。その一方、しばしば、暴力を受けた女性の被害者にとっては、地理的条件、および裁判手続で用いられる言語や方法という意味において、公的な裁判制度に比べるとより利用しやすいものであることから、たとえば「女性法廷」のようなある種の非公式の裁判の仕組にも利点が見られる。

それゆえに、慣習法および（または）宗教法と制定法による司法制度との関係性を明確にするとともに、双方の手続において、被害者の権利が人権とジェンダー平等の基準に合うように取り扱われることを成文化することが重要である。制定法による司法制度に慣習法が統合された興味深い例としては、性暴力とDVを含む犯罪の被害者が加害者に補償を求めることを認めているパプアニューギニアの*1991年刑法（補償）（Criminal Law（Compensation）Act 1991）*がある。パプアニューギニアでは、犯罪に対する補償の請求は慣習法上の共通する特徴であり、補償に関する同法の制定は、「報復」犯罪の発生の減少を意図するものであった。

3.1.6 矛盾する法規定の改正および（または）削除

◆ 勧 告

法は、
- 家族および離婚法、財産法、居住に関する規定や規則、社会保障法、雇用関連法等の他の法の領域のなかに、女性の人権とジェンダー平等、および女性に対する暴力の撤廃を促進する一貫した法的な枠組を確保するために制定された法に矛盾するような条項が含まれているときには、それらを改正および（または）削除することを求めるよう規定すべきである。

◆ 解 説

法が十分な効果を発揮するよう、女性に対する暴力に関する新たな法は、女性の人権、および女性に対する暴力の撤廃の着実な実現を確保するために制定された、他のすべての関連法の見直しや改正が必要に応じてなされるものとして、制定されるべきである。たとえば、スペインのジェンダー暴力に対する総合的な保護対策に関する基本法（2004）と関連して、労働者法（Worker's Statute）、社会犯罪および制裁法（Social Offences and Sanctions Act）、一般社会保

障法 (General Social Security Act)、国家予算法 (National Budget Act) の追加条項、民法典、刑法典、民事訴訟法典、刑事訴訟法典、無料の法律扶助に関する法 (Act on Free Legal Aid)、教育権に関する基本法 (Organic Act regulating the Right of Education)、一般広告法 (General Advertising Act) 等の法律が、同法との一貫性を保つために改正された。アメリカ合衆国の*個人責任および就労機会調整法 (Personal Responsibility and Work Opportunity Reconciliation Act)* (1996) は、生活保護の受給に対する一定の雇用制限から DV 被害者を除外することを許可する家庭内暴力オプション (Family Violence Option) を設けている。また、アメリカ合衆国の保健・福祉省 (Department of Health and Human Services) は、1999年4月に家庭内暴力オプション (Family Violence Option) の実施に関する規則を発令した。

3.2　履　行

3.2.1　国の行動計画または戦略

◆ 勧　告

法は、
- 女性に対する暴力に関する国の行動計画、または戦略が現在、策定されていない場合、法の履行に向けた包括的かつ連携したアプローチがとられるような枠組を確保するために、指標や指針を伴う一連の行動を含む、計画の構築を命じるべきである。あるいは、
- 現在、すでに国の行動計画や戦略が策定されている場合、包括的かつ連携した法の履行のための枠組として、その計画を参照すべきである。

◆ 解　説

　法はほとんどの場合、国家の行動計画や戦略を含む包括的な政策の枠組を伴うときに、効果的に履行される可能性が高くなる。ウルグアイの*DVの防止、早期発見、注意喚起、および根絶に関する法 (Law for the Prevention, Early Detection, Attention to, and Eradication of Domestic Violence)* (2002) は、DV に対する国家計画を策定するよう命じている。ケニアの性犯罪法 (Sexual Offences Act) (2006) 第46条は、担当大臣に同法の施行と運用を実施するための国家政策の枠組を準備し、かつ少なくとも5年に一度の割合で同枠組の見直しを行うよう求めている。メキシコの*暴力のない生活への女性のアクセスに関する法*

3 女性に対する暴力に関する法のモデル枠組

律（*Law on Access of Women to a Life Free of Violence*）（2007）は、国家開発計画（National Development Plan）のなかに女性に対する暴力問題に取り組むための対策と政策を含めることを優先させ、政府が女性に対する暴力を防止し、その問題に取組み、制裁を加え、さらには根絶するための国家政策を考案し、実施することを義務づけている。

3.2.2 予　算

◆勧　告

法は、
○法の履行のための予算の配分を以下に示すように命じるべきである。
- 政府に対し、関連する活動を実施するための適切な予算を与えるよう、一般的責務を課すこと。および（または）、
- たとえば、専門的な検察官事務所の設置等の特定の活動に対する財政的支援の配分を要求すること。および（または）、
- その実施に関連する専門領域の活動を行うNGOに対し、特定の予算を割り当てること。

◆解　説

　適切な財源なくして、法が効果的に履行されることはない。したがって、女性に対する暴力に関する法には、その施行についての予算配分を求めるための条項を含むものが多くなってきている。たとえば、メキシコの暴力のない生活への女性のアクセスに関する法律（2007）では、暴力のない生活を送る女性の権利を保障するために、予算上かつ行政上の対策を講じることを国家と地方自治体に義務づけている。アメリカ合衆国では、*女性に対する暴力に関する法律（Violence Against Women Act）*（1994）およびその再授権が、女性に対する暴力の問題に取り組むNGOのために巨額の財源を提供している。あらゆる予算の配分は、法のなかに含まれるすべての対策を履行するために必要とされる、財源に関する十分な分析に基づいてなされることが重要である。

3.2.3 公務員に対する研修と能力向上

◆ 勧 告
法は、以下に示すことを命じるべきである。
○女性に対する暴力に関して、ジェンダーに配慮した、定期的かつ組織的な研修と能力向上を公務員に対して行うこと。
○新法の制定の際に、関係する公務員が新しく課せられた義務を認識し、それを果たすことを確保するための特別な研修と能力向上を行うこと。および、
○そのような研修と能力向上は、女性に対する暴力の被害者を支援しているNGOやサービス提供者と密に相談しながら開発され、実施されること。

◆ 解 説

　警察、検察官、および裁判官を含む、女性に対する暴力に関する法の履行をつかさどる権限を与えられた者たちが、そのような法を綿密に理解し、適正かつジェンダーに配慮した方法で履行できるように確保することは、きわめて重要なことである。法の履行にたずさわる公務員が、その内容に関して包括的な研修を受けていないときは、法が効果的、あるいは画一的に履行されないという恐れが生じる。これらの専門職にある公務員を研修し、および（または）これらの公務員を対象とする公的なカリキュラムのなかに女性に対する暴力についての能力向上に関するものを盛り込むためのさまざまな努力が数多くなされてきた。そのような研修と能力向上のための努力は、それらが法の規定によって命じられ、NGOと密接な連携を持ちながら開発されるときに最も効果がみられること、また厳密に実施されることが明らかとなってきた。

　スペインの*ジェンダー暴力に対する総合的な保護対策に関する基本法*（2004）第47条は、政府と司法全体会議（General Council of the Judiciary）に対し、裁判官および下級裁判所の裁判官、検察官、裁判所書記官、国内法の施行と治安にたずさわる捜査官、および検視官のための研修コースのなかに、両性の平等、性を理由とする差別の禁止、および女性に対する暴力の問題に焦点をあてた研修が確実に含まれるよう求めている。アルバニアの*家族関係における暴力対策法*（*Law on Measures Against Violence in Family Relations*）（2006）第7条の下では、内務省がDV事件を取り扱う警察を研修する任務を負っており、司法省がDVと児童虐待に関する法医学の専門家に対する研修と、保護命令に

関する業務を行う裁判所職員に対する研修についての責任を負っている。フィリピンの女性とその子どもに対する暴力撲滅法（2004）第42条は、女性とその子どもに対する暴力に対応するすべての機関に、次の点についての教育と研修を受けることを求めている：(a)女性とその子どもに対する暴力の特徴と原因、(b)被害者の法的な権利と救済、(c)利用できるサービス、(d)加害者を逮捕し、被害者を保護および支援する際の警察官の法的義務、(e)女性とその子どもに対する暴力事件を取り扱う際の手法。オランダでは、保護命令に関する法案が可決されれば、警察に対する研修プログラムが義務づけられることになる。

3.2.4　専門の警察および検察の部門

◆ 勧　告

法／付随する法は、
○女性に対する暴力に関する専門の警察部門、および検察部門を任命または強化し、それらの部門の職務の遂行とそれらに配属された職員に対する専門的な研修の実施に向けての適切な財政的支援を行うよう保障すべきである。および、
○被害者が女性警察官または女性検察官に連絡する選択権を与えることを保障すべきである。

◆ 解　説

　暴力の加害者が処罰されることを確保するためには、特に女性に対する暴力行為の捜査、証拠保全、および起訴状の提出において、警察当局と検察官が最も重要な職務を担っている。裁判手続が開始されるかどうか、あるいは加害者が有罪となるかどうかの決定には、警察と検察官の仕事の質がきわめて重要なものとなる。しかしながら、多くの国の経験は、女性に対する暴力行為が十分に捜査されない、あるいは正確に記録されないだけでなく、性暴力の被害者が依然として懐疑的に扱われると同時に、DVが犯罪ではなく、私的な問題としてみなされる状況が続いていることを示している。

　女性に対する暴力への対応においては、専門化された部門があると、より敏速に対応できるだけでなく、より大きな効果を発することが明らかとなっている。経験上、そのような専門部門の創設がこの分野における専門知識の発展を促すとともに、捜査される事件数の増加、およびより高い質の、かつ効果的な

手続を被害者にもたらし得ることが示されている。しかしながら、そのような専門部門の創設が女性に関する問題の周縁化を招きかねないことを指摘する国もある。それゆえに、専門化された部門の創設は、適切な財政的支援とスタッフへの研修が備わったものであることが不可欠である。

　イタリアの多くの警察署では、性暴力の被害を届け出る女性に適切に応対するために、専門的な捜査サービスが編成されている。ジャマイカでは、警察の内部に、女性の被害者が性的暴行や児童虐待の事件を届け出ることを奨励する環境を作ること、虐待の被害を効果的に捜査すること、およびカウンセリングとセラピーのサービスを提供することを目的とする性犯罪部門が設置されている。南アフリカの司法省が作成した1998年の性犯罪事件における検察官のための全国ガイドライン（*National Guidelines for Prosecutors in Sexual Offence Cases*）は、「専門の検察官がこの種の事件を担当する理想的人物である」と述べている。レバノンでは、家族間暴力に関する法案が可決されれば、国内治安警察本部内に被害届を受理し、捜査するための家族間暴力担当の専門部門を創設することが求められることになる。

3.2.5　専門の裁判所

◆ 勧　告

法は、
○女性に対する暴力に関する事件を適時、かつ効果的に取り扱うことを保障するための専門の裁判所の創設、または特別裁判手続について規定すべきである。および、
○専門の裁判所に配属された公務員が専門の訓練を受けること、およびそのような公務員のストレスや疲労を最小限にするための対策が取られることを確保すべきである。

◆ 解　説

　通常の裁判所における被害者と裁判所職員とのやり取りをめぐる経験によると、しばしば、そのような職員が必要とされるジェンダーに対する配慮、あるいは女性に対する暴力の事件に適用されるさまざまな法に対し包括的な理解が欠如していること、女性の人権に対する配慮がないこと、および他の事件による過重な負担を強いられていることが、結果的に裁判の遅延と被害者の裁判費

用の増加を引き起こしていることが示されている。ブラジル、スペイン、ウルグアイ、ベネズエラ、イギリス、およびアメリカ合衆国の相当数の州を含む多くの国に専門の裁判所が存在している。そのような裁判所は、裁判所と司法関係の公務員が女性に対する暴力に関して専門的な知識を有し、ジェンダーに配慮することができる可能性が高く、また、しばしば女性に対する暴力の事件を迅速に処理する手続を含んでいることから、多くの場合において効果を発揮してきた。

　スペインの*ジェンダー暴力に対する総合的な保護対策に関する基本法* (2004) 第5編、およびブラジルのマリア・ダ・ペンニャ法 (*Maria da Penha Law*) (2006) 第14条によって創設された専門の総合裁判所は、離婚と子の監護に関する手続と、刑事手続を含むDVに関連する事件のすべての法的分野を取り扱っている。そのような総合裁判所は裁判手続の簡略化と集中化によって、矛盾する命令を排除し、被害者の安全性を高め、被害者が繰り返し証言する必要性を減らしている。しかしながら、被害者がそれらの裁判手続における主導権を持ち続け、被害者に用意がないときに、離婚ないしは別居といった行動を起こすことを強いられていると感じることがないようにすることが重要である。スペインの経験は、専門の裁判所における手続が被害者にとって早すぎるものとなっているために、途中で取り下げをする被害者がいることを示している。また、専門の裁判所においては、関連するすべての専門職にある者を利用できるよう確保することも重要である。南アフリカのレイプ撲滅計画の一部として創設された性犯罪裁判所（Sexual Offences Courts）には、検察官、ソーシャルワーカー、捜査官、下級裁判所の裁判官、保健医療従事者、および警察の幹部が配属されている。

3.2.6　行政による手順、指針、基準、規則

◆ 勧　告

法は、
○法の包括的、かつ適時の履行のために、関連する大臣が警察、検察、裁判官、保健部門、および教育部門と協力して、標準化された書式を含む規則、手順、指針、指示、指揮、および基準を示すことを要請すべきである。および、
○そのような規則、指令、指針、および基準が法の施行から限定された月日内に作成されるよう規定すべきである。

3.2 履　行

◆ 解　説

　行政による規則、手順、指針、および基準がない場合には、法が包括的に施行されることはなく、また、公務員に対する研修も効果的な結果を生むことはない。南アフリカの*刑法（性犯罪と関連事項）修正法（Criminal Law [Sexual Offences and Related Matters] Amendment Act）*（2007）第66条と第67条は、国による指揮、指示、規則の作成に関する手続上の詳細を規定している。ケニアの*性犯罪法*（2006）第47条は、規則の公布を規定している。グルジアの*DV根絶、および被害者の保護と支援に関する法（Law on Elimination of Domestic Violence, Protection of and Support to its Victims）*（2006）第21条(3)は、警察が発令する緊急保護命令の標準化された書式を、同法の発表から 1 カ月以内に内務省が作成し、承認するよう指示している。ブルガリアの*DV保護法（Law on Protection against Domestic Violence）*（2005）は、内務省、法務省、保健省、およびその他の関連する省が、同法の施行から 6 カ月以内にDV防止と保護のためのプログラムを開発するよう求めている。

3.2.7　立法した条文の施行期限

◆ 勧　告
法は、
○制定から施行までの期限を規定すべきである。

◆ 解　説

　経験上、法の制定から施行までには大きな遅延が生じることが示されている。この問題を解決するために、問題とされる法とそのなかのすべての条項の施行日を特定する条文を法のなかに盛り込んでいる国もある。たとえば、南アフリカの*刑法（性犯罪と関連事項）修正法*（2007）第72条は、同法の多くが2007年12月16日に施行されること、および同法第 5 章と第 6 章がそれぞれ2008年 3 月21日と2008年 6 月16日に施行されることを規定している。

3 女性に対する暴力に関する法のモデル枠組

3.2.8 関連機関による法令遵守違反への罰則

> ◆勧 告
> 法は、
> ○法の規定を遵守しない関連機関に対し、効果的な制裁を与えるよう規定すべきである。

◆ 解 説

　女性に対する暴力に関する法の履行を担当する公務員が、自らの責任を完全に果たすことを確保するためには、法によって遵守違反に対する罰則を設ける必要がある。コスタリカの女性に対する暴力の犯罪化法（2007）第5条は、女性に対する暴力の問題にたずさわる公務員は「手続や被害女性の人権に敬意を払いつつも、迅速かつ効果的に対応しなければならない」、さもなければ、職務怠慢罪に問われる恐れがあると規定している。ベネズエラの*女性と家族に対する暴力に関する法*（*Law About Violence Against Women and Family*）（1998）第22条、第23条、および第24条は、雇用、教育、および他の活動を行うセンターの運営機関、保健医療従事者、および司法関係者が求められた時間の範囲内で適切な行動を起こさない場合の罰則を規定している。

3.3　監視と評価

3.3.1　履行を監視するための具体的な制度的メカニズム

> ◆勧 告
> 法は、
> ○履行状況について、各関連部門を横断的に調査する具体的な制度を設けること、および調査結果を定期的に政府に報告することを規定すること。そのようなメカニズムの機能には、以下の役割を含むものとする：
> 　●情報の収集、および分析。
> 　●司法制度へのアクセス状況や支援の有効性、また特定のグループの女性が直面する問題点を明らかにするために、被害者、支援者、弁護士、警察、検察官、裁判官、保護観察官、およびサービス提供者に聞き取り調査をすること。
> 　●必要な場合は、法の改正についての提言を行うこと。および、
> ○当該メカニズムのための必要な予算を義務づけること。

3.3 監視と評価

◆ 解　説

　法が効果的に施行され、あらゆる予期せぬ悪影響が生じないようにするためには、慎重かつ定期的な監視が必要である。法の履行を監視することにより、法の適用範囲と有効性の解離、法曹実務家や他の関係者に対する研修の必要性、首尾一貫した対応の欠如、法によってもたらされた被害者に対する想定外の影響等の問題点を明らかにすることができ、その結果、改正する必要がある箇所を明確にすることができる。現場における法律の運用の実状を示す評価を確保するために、政府がNGOと協力し、被害者とサービス提供者の参加を得ながら監視を実施すると最も大きな効果を期待できる。ホンジュラスでは、*DV法 (Law on Domestic Violence)*（1997）の施行に続き、政府と市民社会のメンバーで構成される、DV法の履行状況に関する関連機関間特別委員会（Special Inter-institutional Commission for Monitoring the Implementation of the Law Against Domestic Violence）が設置された。2004年、この特別委員会は、保護命令の拡大や、繰り返し行われるDVの処罰化を含む、法の改正を提案した。この改正案は議会で承認され、2006年から施行されている。スペインのジェンダー暴力に対する総合的な保護対策に関する基本法（2004）は、2つの機関の設置を規定している。女性に対する暴力に関する特別政府代表部（Special Government Delegation on Violence Against Women）は、ジェンダーに起因する暴力に対する施策の改善、政府の計画やキャンペーンを通して行われる国民に対する啓発の促進、諸機関の活動の調整、データの収集、および調査の実施を担当している。特別政府代表部の代表は、女性の権利を擁護するために、訴訟手続に介入することができる。もう一つの機関である、女性に対する暴力に関する政府調査機関（Special Observatory on Violence Against Women）は年間報告書を作成し、政府に対し継続的に提言する役割を担っている。また、政府は法律の施行から3年後に、様々な地域と連携して法律の有効性に関する評価報告書を作成し、議会に提出しなければならない。フィリピンの女性とその子どもに対する暴力撲滅法（2004）第39条は、女性に対する暴力に関する取り組みの有効性について調査し、このような暴力を根絶するためのプログラムとプロジェクトを開発するために、女性とその子どもに対する暴力に関する機関間協議会（Inter-Agency Council on Violence Against Women and Their Children）の設置を規定している。

　ウルグアイの*DVの防止、早期発見、対応、根絶に関する法*（2002）は、被

3 女性に対する暴力に関する法のモデル枠組

害者のニーズに対する包括的な対応を促すために、DV 根絶に向けた国家諮問委員会（National and Consultative Council in the Fight against Domestic Violence）の設置を規定している。インドネシアでは、1998年の大統領命令181号によって、インドネシアにおける女性の人権擁護の強化、促進、および女性に対する暴力の根絶に向けた取組を担う、女性に対する暴力に関する国内委員会（Komnas Perempuan）という独立機関が設置された。ナイジェリアでは、*暴力禁止法案（Violence Prohibition Bill）* が制定されれば、他の任務にあわせて法の履行状況の調査や監視を行うために、全面的に公的資金を用いた、女性に対する暴力に関する国内委員会（National Commission on Violence Against Women）が設置されることになる。

3.3.2 統計データの収集

◆ 勧 告
法は、
○あらゆる形態の女性に対する暴力の原因、結果、頻度、および女性に対する暴力を予防し、処罰し、根絶するための施策と、被害者の保護や支援を行うための施策の有効性について、定期的に統計データを収集することを求めるべきである。および、
○その統計データは、性、人種、年齢、民族的出身、関連する他の特性ごとに集計したものとなるよう求めるべきである。

◆ 解 説

統計データを含む、データの収集は、法律の有効性に関する調査の基本である。この調査には、一人ひとりの加害者の再犯の有無とその時期、同一のあるいは異なる被害者に対するものかどうかについての集計データも含まれるべきである。近年、改善されてきたとはいえ、法律の進歩に関する情報を伝えるためには、あらゆる形態の女性に対する暴力についての知識基盤を早急に強化することが依然として必要である。可能な場合、統計データの収集には、政府の統計局を関与させることが重要である。

さらなるデータの収集の必要性に対応するために、法に基づいて、そのような活動を命じている国もある。イタリアでは、*財政法（Financial Law）* （2007）により、女性に対する暴力に関する国家調査機関（National Observatory on

Violence Against Women）が設置され、当該機関に対し、年間300万ユーロが3年間割り当てられた。グアテマラの*女性殺害や他の形態における女性に対する暴力に関する法*（2008）は、国の統計局に対し、女性に対する暴力に関する情報の集積、および調査の指標の開発を義務づけた。アルバニアの*家族関係における暴力対策法（Law on Measures Against Violence in Women）*（2006）は、労働・社会問題・機会均等省（Ministry of Labour, Social Affairs and Equal Opportunities）に、DV の度合いに関する統計データを保持するよう義務づけている。ポーランドの*DV 法（Law on Domestic Violence）*（2005）第7条と第8条は、社会問題大臣に DV に関する調査や分析の主導、および基金の提供を求めている。メキシコの*暴力のない生活への女性のアクセスに関する法律*（2007）は、保護命令、およびそれを受けた者を含む、女性に対する暴力に関する国家データバンクの設置を義務づけている。アルメニアのDV法案は、可決されれば、政府に対し、統計の収集、調査の実施、履行状況の監視、およびカウンセリング機関やシェルターに対する資金提供を行うよう要請するものとなる。

3.4　定　義
3.4.1　女性に対する暴力の定義

◆ 勧　告

法は、
○以下に示すもののみならず、あらゆる形態の女性に対する暴力に適用されるべきである。
  - DV
  - 性的侵襲やセクシュアル・ハラスメントを含む性暴力
  - 若年婚、強制結婚、女性器切除、胎児が女性であるときの中絶、出生前性別選択、処女テスト、HIV/AIDS 感染者の排除、いわゆる名誉犯罪、硫酸攻撃、婚資やダウリーに関連する犯罪、夫を亡くした女性に対する虐待、強制妊娠、魔女裁判を含む、有害な慣行
  - 女性殺害
  - 人身売買　および、
  - 性的奴隷制　さらには、

○特定の行為者によって、特定の状況下で行われる女性に対する暴力を認識すべきである。
  - 家族内における女性に対する暴力

3 女性に対する暴力に関する法のモデル枠組

- 地域社会における女性に対する暴力
- 紛争下における女性に対する暴力
- 被拘禁女性に対する暴力、治安部隊による暴力行為を含む、国家による暴力

◆ 解 説

　女性に対する暴力は、特定の社会的、経済的、文化的、政治的な背景に特徴づけられ、さまざまな形態で現れる。しかし、女性に対する暴力に関する法の大多数は、親密な関係にある者からの暴力を扱うものとなっているが、なかには他の形態の女性に対する暴力に関する法律を制定している国もある。たとえばバングラデシュの*硫酸による犯罪防止法*（Acid Crime Prevention Act）（2002）、*硫酸管理法*（Acid Control Act）（2002）、「ダウリー殺人」を処罰するインド刑法第304B条、ベナンの*女性器切除抑制法*（Law on the Repression of the Practice of Female Genital Mutilation）（No.3, 2003）等がある。他の国でも、いくつかの暴力の形態に対応する法律が制定されている。たとえば、メキシコの*暴力のない生活への女性のアクセスに関する法律*（2007）は、家庭、職場、教育施設、地域社会、国家施設における暴力や女性殺害の形態について規定している。女性殺害は、女性に対する暴力の最悪の形態であり、拷問、切断、残虐行為、性的暴力が伴う場合がある。

　さまざまな暴力の形態が個別の法律で扱われようと、あるいは一つの法律に集約されていようと、予防、被害者保護と支援、加害者処罰に関する施策、および法の完全な実施や法の評価を確保するための施策を含む、包括的な法的枠組は、個々の暴力の形態に対応するものでなければならない。

3.4.2　DVの定義
3.4.2.1　DVの形態に関する包括的定義

◆ 勧 告
○法は、身体的、性的、心理的、経済的暴力を含む、DVの包括的な定義を採用すべきである。

3.4 定　　義

◆ 解　説

　DV に関する法は、身体的暴力のみを扱う傾向にある。しかし、DV の特性に関する理解が細部にまでおよんできたことにより、身体的、性的、感情的および（または）心理的な暴力、および相続に基づく暴力、財産に基づく暴力、および（または）経済的暴力の形態のうち、そのいくつかを、もしくはすべてを含める形で、法律を制定、ないしは改正している国もある。インドの*DV から女性を保護する法律*（Protection of Women from Domestic Violence Act）(2005) 第Ⅱ章には、身体的虐待、性的虐待、言葉による虐待、感情的虐待、および経済的虐待が含まれており、また、ブラジルのマリア・ダ・ペンニャ法 (2006) 第5条では、「女性に対する家庭内の、および家族による暴力は、女性の死、傷害、身体的、性的、ないしは心理的被害、および倫理的ないしは相続上の損害を引き起こす、ジェンダーに起因するあらゆる行動、もしくは不作為」と定義されている。レバノンでは、家族間暴力に関する法案が可決された場合、家族間暴力にはジェンダーに起因する暴力、家族の構成員による加害行為、および身体的、心理的、性的、経済的なものであるかを問わず、女性に被害ないしは苦痛を与える、あるいは与えるかもしれない結果をもたらすようなすべての行為が含まれる、と規定されることになる。

　しかし、実際には、心理的、経済的暴力を含む DV の定義が問題となる場合もある。加害者がこの条項を逆手にとり、パートナーが自分に対して心理的暴力を加えたと主張し、保護命令を申し立てたという事例もある。また、多くの女性は、自分に対する心理的、および経済的暴力と呼ばれるものに対し、司法制度による強力な対応を期待していない可能性もある。さらには、心理的暴力の場合、立証には大きな困難がつきまとう。よって、心理的および（または）経済的暴力を含む、DV のあらゆる定義は、いかなる場合においても、ジェンダーに配慮し、適切な方法で適用されることが非常に重要である。対象行為が暴力を構成するか否かについての判断には、心理学者やカウンセラー、暴力の被害者の支援者やサービス提供者を含む、この分野に関連する専門職にある者やこの分野の研究者の見解が用いられるべきである。

3　女性に対する暴力に関する法のモデル枠組

3.4.2.2　法により保護される人の範囲

> ◆ 勧　告
> ○法は、少なくとも次の範囲の者に適用されるべきである：
> 婚姻関係にあるカップル、事実婚関係にあるカップル、同性カップル、同居していないカップルを含む、親密な関係にあるか、そのような関係にあった個人、互いに家族関係にある個人、同一世帯に属している構成員。

◆ 解　説

　DV に関する法は、しばしば親密な関係にある者、特に婚姻関係にある者のみに適用されてきた。しかし、時間の経過とともに法律の適用範囲が拡大され、たとえば結婚していないが親密な関係にある者、同居していないが親密な関係にある者、家族関係にある者、家事労働者を含む同一世帯に属している者等の他の DV 被害者も法律の適用範囲に含まれるようになってきた。スペインの*ジェンダー暴力に対する総合的な保護対策に関する基本法*（2004）は、家庭内の関係を幅広く定義しており、その対象には配偶者や元配偶者、事実婚関係にある者、同居していない者、恋人関係にある者や性的な関係にある者、およびたとえば尊属、卑属、血縁関係にある者、住居をともにする者、後見あるいは監護のもとにある未成年者と障がい者のような家族関係にある者や同一世帯の構成員の関係にある者が含まれている。ブラジルのマリア・ダ・ペンニャ法（2006）第5条は、家族関係にあるか否かを問わず、人々により永続的に共有している空間として定義されている「ドメスティックな単位」（domestic unit）のなかで起きた暴力や、血縁関係、事実婚を含む姻戚関係、ないしは意思の表明により関係性がある、または関係性があると自ら認識し、結合している個人によって形成される共同体として定義されている「家族」（family）のなかで起きた暴力、および他のあらゆる親密な関係にある者のなかで起きた暴力を含んでいる。ナイジェリアでは、*暴力禁止法案*が制定された場合、DV を幅広く定義するものとなり、そこには配偶者、元配偶者、婚約者、恋人、子の両親、家族の構成員、住居をともにする者が含まれることになる。インドネシアの*世帯における暴力撤廃に関する法*（*Law Regarding the Elimination of Violence in the Household*）（Law. No.23, 2004）は、家事労働者にまでその対象範囲を広げている。

3.4　定　　義

　オーストリアでは、被害者が法的保護を受けるために、加害者との関係を証明することが求められるため、ときとして被害者が二次被害を受ける結果となっている。加害者が保護命令を回避するために、関係の存在を否定するからである。これに対し、被害者は加害者との関係が存在したことを証明するよう求められるのである。この問題は、被害者が法的保護を受けるためには、加害者との間で性的関係があったか否かについてまで証明しなければならないのかどうか、という点を含む、「関係」を構成するものが一体何であるのかという疑問を生じさせることになった。

3.4.3　性暴力の定義
3.4.3.1　夫婦間レイプを含む、強かん等の性暴力の広範な犯罪の定義

◆勧告
法は、
○性暴力は、身体の統合性と性的自己決定を侵害するものと定義すべきである。
○現行の強かん罪と「強制わいせつ」罪を、被害の程度に応じて、より広範な性暴力の犯罪と置き換えるべきである。
○少なくとも次のような加重事由が存在する場合は、刑を加重すべきである。たとえば、被害者の年齢、加害者と被害者の関係性、暴力の行使やその脅迫、複数の加害者による犯行、攻撃により被害者が被った重大な身体的ないしは心理的結果。
○性暴力は強制力や暴力を用いてなされるという要件、および性器の挿入を証明する要件をなくすべきである。また、性暴力に関する以下の定義を規定することにより、手続における被害者の二次被害を最小限にすべきである。
  ● 「明確で自発的な合意」の存在を求める。その立証にあたっては、加害者に対し、被害者から同意を得たか否かを確認するための段階を踏んだことの証明を求めるべきである。ないしは、
  ● 当該行為が、「強制的な状況」下で行われたことを要件とし、強制的な状況は広く定義されるべきである。および、
○なんらかの関係にある者の間で起きる性暴力（たとえば、夫婦間レイプ）に関しては、以下のいずれかの方法によって犯罪化すべきである。
  ● 加害者と被害者との間の「関係の性質にかかわらず」、性暴力に関する条文を適用するよう規定する。ないしは、
  ● 「婚姻関係にある、または他の関係にあることが、法の下での性暴力の犯罪に対する抗弁を構成しない」ことを規定する。

3　女性に対する暴力に関する法のモデル枠組

◆ 解　説

　性暴力は、しばしば、個人の身体の統合性への侵害というよりは、道徳、世間体、名誉といった問題のある枠組のなかで論じられたり、家族や社会に対する犯罪として扱われてきた。しかし、この問題のとらえ方に関しては、前向きな進展もみられる。アルゼンチン、ボリビア、ブラジル、エクアドル等、いくつかのラテンアメリカの国では、性暴力を被害者の名誉や道徳性を脅かすものではなく、被害者の権利を侵害するものととらえ、刑法の改正を行った。1998年にスウェーデンの刑法典のなかでKvinnofrid改正が行われたように、2004年にはトルコでも刑法典の改正が行われ、性暴力を「道徳的慣習や社会に対する犯罪」としてではなく、「個人に対する犯罪」として定義するとともに、「道徳」、「貞操」、「名誉」に関するすべての記述が削除された。

　強かんは、刑法における主要な性暴力の「形態」であり、強かんの定義は、しばしば、性器挿入の証明に焦点が当てられてきた。このような定義は、女性たちが経験してきた性暴力のすべてを網羅するものではなく、また被害者が被った性暴力の影響を表すものでもない。このような理由から、従来、強かんとして分類されていた罪を包摂し、性器挿入の証明に依存しない「性暴力」の幅広い定義を刑法に盛り込んだ国もある。たとえば、カナダ刑法は、性暴力を段階的に犯罪類型化（第271条）し、武器、第三者への脅迫、身体的危害を伴う性暴力（第272条）と、加害者が被害者に傷害を負わせ、外貌を損なわせ、生命を脅かした場合の加重要件（第273条）を規定している。トルコ刑法典（2004）第102条は、性行為によって他人の身体的統合を侵害する罪として性暴力を定義し、強かんについては、加害者の身体の一部や物を他人の身体に挿入する行為によって、婚姻関係にある者を含む他人の身体的統合を侵害する罪と規定している。

　強かんや性暴力の定義は、徐々に強制力や暴力の行使を要件とするものから、同意がないことを要件とするものへと進化してきた。たとえば、カナダ刑法は積極的同意の基準を採用しており、本条における「同意」とは、告訴人による当該性的行為に対する自発的な同意を意味する、と規定している。イギリスの*性犯罪法 (Sexual Offences Act)* (2004) は、防止手段、および性犯罪者から被害者を保護するための規定を改善することで、性犯罪に関する法律を強化し、現代化したものである。同法の主要な規定は、同意に関する法的定義、同意したと信じるに値する合理的な確信、および同意と同意に関する被告人の確信に

3.4 定　義

ついて、一連の証拠に基づき確証あるとされる推定の存否の3点である。しかし、経験上、被害者の同意がなかったことを要求するような性暴力の定義は、実際上、検察側に、被害者の同意がなかったことについて、合理的な疑いを越える立証を強いることになり、その結果、被害者が二次被害を受けうることが明らかとなっている。このような二次被害を避けるために、強かんの定義を見直し、同意がないことの立証より、一定の状況が存在することを重視するものへと発展させている国もある。たとえば、ナミビアのレイプ撲滅法 (Combating of Rape Act) (2000) の強かんの定義は、同意がないことを証明する代わりに、一定の「強制的な状況」の存在を求めている。同様の定義は、レソトの性犯罪法 (Sexual Offence Act) (2003) にも採用されている。「強制的な状況」が強かんの定義に採用される場合には、想定される状況が幅広いものであること、および強制力や暴力の行使を重視するような定義へと退行することがないよう確保することが重要である。

　歴史的に、親密な関係のなかで行われる強かんや性犯罪は犯罪化されてこなかった。親密な関係のなかで起きる強かんについての概念が、未だに多くの国で大きな問題となっている一方、親密な関係における強かんや性暴力についての例外規定を刑法から外したり、親密な関係における強かんや性暴力を犯罪化するために、具体的な条項を設ける国が徐々に増えてきている。レソト、ナミビア、南アフリカ、およびスワジランドのすべてが、夫婦間レイプを犯罪化している。ナミビアのレイプ撲滅法 (2000) は、「婚姻関係にあること、あるいは他の関係あることが、本法の下での強かん容疑に対する抗弁理由とはならない」と規定している。ネパールの最高裁判所は、2002年、*女性・法・開発フォーラム対ネパール政府 (Forum for Women, Law and Development [FWLD] vs. His Majesty's Government/Nepal [HMG/N])* のケースにおいて、夫婦間レイプを処罰対象から排除することは違憲であり、自由権規約および女性差別撤廃条約にも違反するとの判断を下した。パプアニューギニアでは、2003年に*2002年刑法典（性犯罪および子どもに対する犯罪）(Criminal Code〔Sexual Offences and Crimes against Children〕Act 2002)* が導入され、強かんに関して、婚姻関係にあることをもって不処罰とする規定が廃止された。

3　女性に対する暴力に関する法のモデル枠組

3.4.3.2　セクシュアル・ハラスメントの定義

◆ 勧　告

法は、
○セクシュアル・ハラスメントを犯罪化すべきである。
○セクシュアル・ハラスメントを差別の一形態であり、女性の健康と安全に関する人権を侵害するものであると認識すべきである。
○セクシュアル・ハラスメントを、上下関係、または同列な関係における不快な性的言動であると定義し、そのなかには、雇用（インフォーマルな雇用分野を含む）、教育、物やサービスの受領、スポーツ活動、財産の取引行為におけるものを含めるべきである。および、
○不快な性的言動には、（直接的または暗示的なものであるかどうかを問わず）身体的接触や誘い、性的欲望を満たすための行為を要求すること、性的な発言、性描写が露骨である写真やポスターおよび落書きを示すこと、および他のあらゆる不快な性的意味合いを持つ身体的、言語的、非言語的行為を含むものとして規定すべきである。

◆ 解　説

　従来、セクシュアル・ハラスメントは、労働関連の犯罪としてのみとらえられ、不均衡な権力関係（たとえば、雇用主対被雇用者等）が存在する場合に発生するものであると定義づけられてきた。その結果、セクシュアル・ハラスメントはしばしば、各々の国の労働法典のなかで扱われ、フォーマルな雇用分野でそのような経験をした者のみを対象としてきた。しかし、時間の経過とともに、多くの国がこのような対応の限界を認識し、セクシュアル・ハラスメントをより包括的にとらえ、たとえば差別禁止法や刑法といった、さまざまな分野の法律のなかで取り扱うようになってきた。オーストラリアのニューサウスウェールズ州の反差別法（*Anti-Discrimination Act*）（1977）は、雇用、教育機関、物やサービスの受領、住宅の賃貸または賃貸しようとするとき、土地の売買、およびスポーツ活動の場面で起きるセクシュアル・ハラスメントを違法であると規定している。2004年のトルコ刑法典改正の主な改正点の1つとして、セクシュアル・ハラスメントが犯罪化された。ケニアでは、セクシュアル・ハラスメントは、次の3つの法律：*性犯罪法*（2006）第23条（権力的な地位にある者、また公職にある者による犯罪行為）、*雇用法*（*Employment Act*）（2007）第6条（雇用主や同僚による嫌がらせ）、および公職倫理法（*Public Officer Ethics Act*）

(2003) 第21条（公共サービスや公共サービスの提供に伴う嫌がらせ）のなかで取り上げられている。インドでは、ヴィシャカ対ラージャスターン州および他 (*Vishaka v. State of Rajasthan & Ors, AIR 1997 S.C. 3011*) のケースにおいて、最高裁判所は「職場」に関する幅広い定義を含む、セクシュアル・ハラスメントの法的拘束力のある定義を作るために、女性差別撤廃条約第11条、第22条、第23条および、女性差別撤廃委員会による一般的勧告第19号、および北京行動綱領の関連項目（職場における健康と安全の促進に関するもの）を引用した。

3.5 防　　止

3.5.1 女性に対する暴力の防止に関する条文の包摂

◆ 勧　告

法は、女性に対する暴力の防止を優先すべきであり、枠組のなかの3.5.2から3.5.4において詳細に述べるように、女性に対する暴力を防止するための以下の措置に関する規定を含むべきである。
○女性の人権、ジェンダー平等、女性が暴力から解放される権利に関する啓発活動。
○差別的である社会的および文化的行動態様、またジェンダーに基づく軽蔑的な固定観念を修正するための教育カリキュラムの使用。および、
○女性に対する暴力について、メディアの関心を高めること。

◆ 解　説

　女性に対する暴力に関する初期の法的対応は、犯罪化のみに焦点が絞られる傾向にあったため、女性に対する暴力の根本的な原因に関する取組はなされてこなかった。しかし、法のなかに防止策を含むことの重要性が、時間の経過とともに徐々に強調されるようになってきた。近年制定されたグアテマラの*女性殺害や他の形態における女性に対する暴力に関する法*（2008）は、女性に対する暴力を防止するために、政府が関連機関間の調整、啓発キャンペーンの促進と監視、対話の活性化、および公共政策の促進に対する責務を負うものとする、と規定している。ブラジルのマリア・ダ・ペンニャ法（2006）第8条は、メディアに対し、DVや家族間暴力の正当化や助長に繋がるような固定的性別役割分担を示す報道を避けるよう促すことや公教育キャンペーンの実施、およびすべての教育レベルのカリキュラムのなかで、人権やDVと家族間暴力に関する

3 女性に対する暴力に関する法のモデル枠組

問題を強調することを含む、防止に関する総合的な施策を規定している。ベネズエラの*女性と家族に対する暴力に関する法*（1998）の第 2 章は、暴力の防止と被害者支援に関する政策を規定している。インドでは、ヴィシャカ対ラージャスターン州および他のケースにおいて、最高裁判所が雇用主に対し、職場におけるセクシュアル・ハラスメントを防止するために、労働、余暇、健康、および衛生に関して適切な条件を整備するよう求めた。イタリアでは、*家族のなかの個人、性的指向、ジェンダー、他のあらゆる差別の原因となるものに対する犯罪の防止と抑止に関する法案*（Draft bill on Measures of prevention and repression of crimes against the person within the family, sexual orientation, gender and every other cases of discrimination）が可決された場合、防止のための政策が重視されることになる。

3.5.2　意識の向上

◆ 勧　告
法は、政府に対し、女性に対する暴力についての意識向上を目指したキャンペーンに対する支援と予算措置を行うよう義務づけるべきである。
○女性に対する暴力が不平等の象徴であり、女性の人権を侵害するものであるということについて、人々の意識を高めるための全般的なキャンペーンを行うこと。および、
○女性に対する暴力に取り組むための現行法やそれらのなかに含まれる救済についての知識を高めることを目的とする意識向上のための特別キャンペーンを実施すること。

◆ 解　説

　啓発キャンペーンは、女性に対する暴力が容認されるものではないということを明らかにし、伝えるために非常に重要である。啓発キャンペーンは、女性に対する暴力が、いかなる場合においても容認されるべきものではないというメッセージを伝え、女性の人権の促進を含み、女性に対して暴力を振るう加害者の差別的な態度に対する厳しい社会的批判を強調し、さらには暴力の被害者に汚名を着せるような風潮を問題視するものでなければならない。啓発キャンペーンは、被害女性に対し、彼女たちの権利、現行法の内容とそれらに含まれる救済について知らせるための重要な手段でもある。多くの国では、NGO が

女性に対する暴力は容認され得ないものであることを社会に広めるうえで重要な役割を担っており、特にこれは、幅広いネットワークの構築や、社会やメディアに対する効果的な働きかけを通して行われている。また多くの政府もしばしばNGOや国際機関と連携しながら、啓発キャンペーンに取り組んでいる。

スペインの*ジェンダー暴力に対する総合的な保護対策に関する基本法*（2004）第3条は、人権の尊重や両性の平等に基づく価値観に関する意識を向上させるために、両性を対象とする、女性に対する暴力に関する啓発、および防止についての国の基本計画（National Sensitization and Prevention Plan regarding Violence against Women）の策定を規定している。この計画の策定は、被害者、関連機関の者、女性に対する暴力に取り組むために働いている専門職にある者、およびこの問題の専門家を含む委員会により監督を受ける。インドの*DVから女性を保護する法*（2005）第11条は、中央政府、およびすべての州政府に対し、テレビ、ラジオ、印刷媒体を含む公共の情報媒体を通して、法律の内容が広く周知されることを確保するための施策をとるよう命じている。

3.5.3 教育カリキュラム

◆ **勧　告**

法は、
○幼稚園から高等教育レベルにおよぶすべての学校教育において、女性と少女の人権、ジェンダー平等の促進、特に女性や少女には、暴力のない生活を送る権利があることについて教育を行うよう義務づけるべきである。
○このような教育は、ジェンダーに対する十分な配慮が示されたものでなければならず、女性の人権の促進や女性に対する暴力に取り組むための現行の法律について、適切な情報を含むものでなければならない。および、
○関連するカリキュラムは、市民社会と協議して開発されるべきである。

◆ **解　説**

ジェンダー平等や、女性に対する暴力に関する差別的な態度に挑むための最も効果的な入り口の1つは、教育制度である。女性に対する暴力を予防するためには、女性の尊厳を傷つけるような固定観念や差別的な態度が教育カリキュラムから排除され、女性の人権やジェンダー平等を促進し、女性に対する暴力を非難するような内容がすべての教育レベルに含まれる場合に、よりよい効果

3 女性に対する暴力に関する法のモデル枠組

を得ることができる。スペインのジェンダー暴力に対する総合的な保護対策に関する基本法（2004）の第1章は、教育職にある者に対する研修を含め、さまざまな教育レベルにおけるジェンダー平等や平和的な紛争解決の促進に重点を置いている。同法第6条は、教育機関に対し、性差別的、または差別的な固定観念がすべての教材から削除されることを確保するよう求めている。メキシコの暴力のない生活への女性のアクセスに関する法律（2007）は、ジェンダー平等や、女性が暴力のない生活を送ることを促進する教育プログラムをすべてのレベルの学校教育のなかで展開することを求めている。チリの家族間暴力法（*Law on Interfamily Violence*）（1994）第3条(a)は、学校カリキュラムに、家族内での暴力に関する内容を盛り込むべきであることを規定しており、そのなかには、このような暴力を拡大、助長、継続させるような行為を是正する方法についても含まれるべきであるとしている。

3.5.4 メディアに対する配慮

> ◆ 勧　告
> 法は、
> ○ジャーナリストや他のメディア関係者に対し、女性に対する暴力についての配慮を示すよう奨励すべきである。

◆ 解　説

　メディアによる表象は、社会が許容しうる行為や態度に関する認識に対し、非常に強い影響力を与えるものである。ジャーナリストや他の報道関係者に、女性の人権や女性に対する暴力を引き起こす要因についての研修を行うことにより、事件の報道方法が変化し、その結果、社会の風潮に影響を与える可能性がある。スペインのジェンダー暴力に対する総合的な保護対策に関する基本法（2004）第14条は、「通信媒体は、男女間のあらゆる差別を回避しながら、両性の平等の保護や擁護に取り組むべきであ」り、「女性に対する暴力に関する報道は、その目的が要請する範囲内で、ジェンダーに起因する暴力の被害女性やその子どもの人権や自由、および尊厳を最大限擁護すべきである」と規定している。ブラジルのマリア・ダ・ペンニャ法（2006）第8条は、通信媒体に対し、DVや家庭内での暴力を正当化、ないしは助長するような、性別役割分担の固

定化を避けるよう求めている。

3.6 被害者への保護、支援、援助
3.6.1 包括的かつ総合的な支援サービス

◆ 勧　告

法は、
○国に対し、暴力の被害者を支援するための包括的かつ総合的な支援サービスを構築するための資金の提供、および（または）それらのサービスへの貢献を義務づけるべきである。
○暴力を受けた女性の被害者のためのすべてのサービスは、その女性の子どもに対する適切な支援をも提供するものでなければならないと規定すべきである。
○すべての女性が、このようなサービスの提供場所に平等にアクセスできるようにすべきである。とりわけ都市と地方との差が生じないようにすべきである。および、
○可能であれば、少なくとも、下記の被害者支援サービスの利用に関する最低基準を設けるべきである。
- すべての被害者が、24時間いつでも無料で電話相談を受けることができ、他の支援機関への紹介も受けることができるような全国女性電話ホットラインを設置する。
- 安全な緊急保護、質の高いカウンセリング、および長期滞在場所を探すための支援を提供するシェルター／避難場所を1万人につき1箇所設置する。
- 適切な場合には、被害者に対する法的アドバイスや支援、被害者への長期的支援、および特定のグループの女性（暴力を受けた移民の被害者、女性の人身売買被害者、職場でのセクシュアル・ハラスメントの被害を受けた女性等）に対する専門的な支援を含む、被害者に対する積極的な支援や危機的状況への介入を行うための女性相談支援センターを、女性5万人につき1箇所設置する。
- 女性20万人につき1箇所のレイプ・クライシスセンターを設置する。および、
- リプロダクティブ・ヘルスとHIV予防を含む医療へのアクセスを確保する。

◆ 解　説

　女性に対する暴力の被害者は、短期間の治療を要する傷害に対する適時の医

3 女性に対する暴力に関する法のモデル枠組

療と支援サービスへのアクセス、およびさらなる暴力からの自らの保護を必要とし、その後に長期的なニーズへの対応を必要とする。多くの国では、このようなサービスは、法律により義務化されていない。よって、被害者支援は、限られた財源と確実性のない公的助成しかもたない NGO によって提供されているため、利用可能な支援が限られているのが現状である。その結果、暴力を経験した女性たちの多くは、支援サービスを受けていないか、あるいは不十分なサービスしか受けていない状況にある。しかしながら、国家は支援サービスの構築や資金提供という面において重要な役割を果たしうる一方、このようなサービスを運営するのに最も適切な機関とはなっていないことがしばしばある。もし可能であるならば、支援サービスは、暴力の被害女性に対して、フェミニストの原則に基づき、ジェンダーの視点に立って、被害者をエンパワメントするような包括的支援を提供している、独立した実績ある女性 NGO によって運営されるべきである。

これまで、サービスの大半は、親密な関係にあるパートナーからの暴力の被害者を対象に行われてきたが、その一方、女性に対するあらゆる形態の暴力の被害者もまた、同様のサービスへのアクセスを必要としていることが明らかとされてきた。たとえば、ホンジュラスでは、DV 被害者のために NGO が運営しているシェルターに、性暴力の被害者からも入所希望が寄せられている。

徐々に、支援サービスを整備するための法的な義務を課す国が増加している。グアテマラの*女性殺害や他の形態の女性に対する暴力に関する法*（2008）第17条は政府に対し、被害者に対する財政的援助を含む、被害者への総合的支援センターへのアクセスを保障するよう求めている。メキシコの*暴力のない生活への女性のアクセスに関する法律*（2007）は国に対し、シェルターの設置や運営維持に関する支援を行うことを要請している。トルコでは、*地域行政法（Local Administration Law）*が、5万人以上の市町村にシェルターの設置を求めている。オーストリアの*暴力保護法（Violence Protection Act）*（1997）は、警察の介入の後に、DV の被害者が、将来に向けて前向きな支援を受けることができるための危機介入センターの設置をすべての州に義務づけている。危機介入センターは女性の NGO により運営されており、内務省および女性省から、5年契約を基本として資金提供を受けている。

3.6.2 レイプ・クライシスセンター

◆ 勧　告

法は、
○性暴力の被害者が、国の費用により、妊娠検査、緊急避妊、人工妊娠中絶、性感染症の治療、負傷の治療、被害後の予防およびカウンセリングを含む、包括的かつ総合的なサービスに速やかにアクセスできるよう規定すべきである。および、
○このようなサービスへのアクセスは、被害者による警察への被害の申告の有無を条件とするものではないことを規定すべきである。

◆ 解　説

　性暴力の被害者は、包括的かつ総合的な支援サービスへの速やかなアクセスを必要とする。政府やNGOによって徐々に開発されてきたこのようなサービスの例には、アメリカ合衆国やドイツのレイプ・クライシスセンター、マレーシアのワン・ストップセンター、およびインドの病院に併設されている女性のためのセンター等がある。いくつかの国では未だに当該被害を警察に届け出ることをこのようなサービスへのアクセスの条件としている。このような条件は、被害者に医療や心理的支援を求めることを諦めさせることにもなり、問題である。フィリピンのレイプ被害者支援法（*Rape Victims Assistance Act*）（1998）は、すべての県や市に、レイプ・クライシスセンターの設立を義務づけている。しかし、関連資金の分配が義務づけられていないため、地方自治体にとっては、このようなセンターの設立は困難である。

3.6.3 雇用における被害者支援

◆ 勧　告

法は、
○女性に対する暴力の被害者の雇用上の権利を保護し、雇用主が被害者を差別すること、あるいはその被害ゆえに不利益な扱いをすることを禁止すべきである。

◆ 解　説

　女性に対する暴力の被害者は、暴力による負傷、あるいはその他住居探しや

3　女性に対する暴力に関する法のモデル枠組

裁判所に行く必要があること等の理由から仕事を欠勤したために、解雇される者もいる。スペインの*ジェンダー暴力に対する総合的な保護対策に関する基本法*（2004）第21条は、被害者に対して、労働時間の短縮や調整をする権利を含む、さまざまな雇用上および社会保障上の権利を保障している。フィリピンの*女性とその子どもに対する暴力撲滅法*（2004）第43条は被害者に対し、通常の有給休暇に加え、最大10日間の有給休暇を取得する権利を与えている。ホンジュラスでは、2006年の*DV法*の改正により、被雇用者が被害者のための自助グループや、加害者更生プログラムを含む、関連プログラムへの出席を認めることが、公的および民間部門双方の雇用主に求められるようになった。

3.6.4　被害者の居住権

> ◆勧　告
> 法は、
> ○暴力の被害者であることを理由に、家主による賃借人の立ち退きや賃貸予定者への賃貸の拒否を含む、暴力の被害者に対する住居に関する差別を禁止すべきである。および、
> ○被害者の新しい住居探しのために、違約金なしの契約解除を認めるべきである。

◆解　説

　女性に対する暴力は、直接的に被害者の居住問題に関わっている。多くの場合、被害者は、適切な居住場所を見つけることができないことによって、暴力を受けやすい状況に留まっている。被害者が住居を借りている場合、しばしば、その場所から追い出されたり、新たな住居の申込の際に差別を受けることがある。アメリカ合衆国の*女性に対する暴力、および司法省への再授権に関する法律（Violence Against Women and Department of Justice Reauthorization Act）*（2005）は、暴力の被害者のさらなる居住権を保障するための新たな条項やプログラムを導入した。同法は、DVの被害者であるという理由で住居から退去させられたり、公営住宅への入居を拒否されることがないようにするために、さまざまな法律を改正した。また、同法は、公営住宅に関わる職員への教育や研修、入居許可の改善や居住政策、およびその成功例の普及、住宅行政に関わる機関と被害者支援団体との協力関係の改善のための資金提供を行うこととし

た。オーストリアのウィーン市は暴力の被害を受け、住居を失った女性に対し、手頃な家賃のアパートを提供している。2001年以降は、移民にもこのような住居への入所資格が与えられている。

3.6.5 被害者への財政的支援

◆ 勧告
法は、
○被害者のニーズに応えることができるよう、効率的かつ迅速な財政的支援の提供を規定すべきである。

◆ 解説

女性に対する暴力の被害者は、痛みや苦痛、仕事や生産性の減少、サービスに関する出費により、短期的および長期的に著しい経済的損失を負う。手続に要する期間や、それらによって与えられる経済的援助が不確定であるため、暴力の被害者は、保護命令（**3.10**参照）、家族法（**3.13**参照）、訴訟手続（**3.11**参照）以外のところで、経済的援助にアクセスできることが重要である。オーストリアでは、2006年の改正により、DV被害者は*社会保障法（Social Security Act）*第1061JA条と第1061JH条の下で、暴力を理由に住居を出た場合、および（または）加害者の退去後にその住居に留まり、著しく経済的困難に陥っている場合は、「連邦福祉局（Centrelink）」からの「緊急給付金（crisis payment）」の受給資格を得ることができるようになった。法の文脈によるが、このような支援は、政府と他の機関の双方が拠出する被害者のための基金の設立を通して、利用できるようにすることも可能である。ガーナでは、*DV法（Domestic Violence Act）*（2007）第29条により、DV被害者支援基金（Victims of Domestic Violence Support Fund）が設立された。同基金は、個人、団体、民間部門からの寄付や、議会の承認を得た資金、および財務大臣によって承認された他の財源からの拠出金によって構成されている。同基金から支給された支援金は、DV被害者に対する基本的な物資の支援、DV被害者の救出、社会復帰、および再統合に関するあらゆる事柄、被害者のためのシェルター建設や、シェルターや被害者の社会復帰および再統合に関する支援の提供に関わる者に対する研修や能力開発を含む、様々な目的のために活用されている。レバノンでは、

3 女性に対する暴力に関する法のモデル枠組

家族間暴力に関する法案が可決された場合、DV 被害者に対するケアと支援を提供するための基金の創設が規定されることになる。

3.7 移民女性の権利

3.7.1 女性に対する暴力の被害者のための独立した、かつ適切な移民としての地位

◆ 勧 告

法は、
○女性に対する暴力の被害者が警察や他の機関に暴力の被害を届け出た場合、強制送還されたり、在留資格に関する他の懲罰的な制裁を受けることがないよう規定すべきである。および、
○移民が暴力の被害者になった場合、加害者に知られないように、単独で在留資格の申請ができるよう規定すべきである。

◆ 解 説

　婚姻、家族、雇用状態に依拠して在留資格が付与されている移民女性は、DV や職場で受けた暴力の被害を警察に届け出ることをしばしば躊躇する。国は、このような被害者が加害者から独立して在留資格の申請ができるような権利を与えるための法および（または）規則を徐々に整備してきている。たとえば、アメリカ合衆国の*女性に対する暴力に関する法*（1994）およびその再授権は、アメリカ合衆国の市民権保持者または永住権保持者に依拠した在留資格を有する DV 被害者に対し、一定の状況においては、在留資格の単独申請を認めている。同法はまた、一定の条件を満たせば、DV 被害者に対し、退去強制手続の一時停止や、合法的に永住権保持者になることを認めている。カナダの*移民および難民保護法（Immigration and Refugee Protection Act）*」（2002）は、スウェーデンの*外国人法（Aliens Act）*（2005）と同様に、DV 被害者に対し、加害者の協力の有無に関わりなく、永住権の申請を認めている。オランダでは、被扶養者として在留許可を得ている者が、扶養関係にある者によって性暴力、あるいは他の形態の暴力を受けたことを証明することが、在留資格付与のための独立した根拠として認められている。オランダの*外国人法施行ガイドラインに関する暫定的補足規定（Interim Supplement to the Aliens Act Implementation Guidelines）*（TBV2003/48）は、少女が女性器切除の危険にさらされている場合

3.7 移民女性の権利

には、本人およびその家族に対し、オランダに在留する資格を付与することができると規定している。イギリスのDVに関する特別規則（Domestic Violence Concession Rules）は、在留資格が加害者との関係性によって付与されている女性に対し、無期限の在留資格の申請を認めている。

3.7.2 国際結婚の斡旋業者に対する規制と「メールオーダー・ブライド」の権利の保障

◆ 勧 告
法は、以下に示す内容を含むべきである。
○国際結婚斡旋業者の業務に規制を課すこと、暴力の加害歴がある男性による国際結婚斡旋業者の利用を制限すること、国際結婚斡旋業者によって勧誘された女性が成年に達しており、自発的に事前の同意を示していることを確認すること、勧誘されたすべての女性に対し、将来の配偶者や本人の法的権利についての情報提供を行うことを含む、国際結婚斡旋業者によってもたらされる危険性を最小化するための措置をとること。および、
○国際結婚をした女性が、暴力の被害を受けた場合の離婚の権利や単独で在留資格を取得する権利。

◆ 解 説

　国際結婚斡旋産業は、女性に対して多くの危険をもたらす。経済力が弱い国の女性が、豊かな国の男性の花嫁として「売りだされる」ことにより、それらの女性たちはほとんど面識もない相手が頼みの綱である土地で、自分の有する法的権利を知ることなしに、孤立した無力な状態に置かれてしまう。利潤を得るという目的や、男性が費用を支払っている事実があるために、国際結婚斡旋業者はしばしば、女性たちの福祉よりも、男性の満足度を高めることに意欲を費やす。これらの要因は、国際斡旋業者により勧誘された女性に対するDVの深刻な危険性を生みだすことにつながっている。

　花嫁の送出し国と受入れ国双方が、この問題に取り組むための法的な対応を取ってきた。そのなかでも、フィリピンのメールオーダーおよび他の類似の手法による、フィリピン女性と外国籍の者との婚姻の仲介を違法であると宣言する法（Act to Declare Unlawful the Practice of Matching Filipino Women for Marriage to Foreign Nationals on a Mail Order Basis and other Similar Practices）

3 女性に対する暴力に関する法のモデル枠組

(1990) は、メールオーダーに基づく紹介あるいは個人の紹介により、個人または事業者が、フィリピン女性を外国籍男性に結婚相手として紹介する目的で事業を開始、またはその業務を続ける行為、および禁止された行為を助長する目的で作成されたパンフレット、ちらし、あるいは宣伝物を宣伝、出版、印刷、配布する行為、もしくはそれらの宣伝、出版、印刷、配布を生じさせる行為を違法としている。

アメリカ合衆国の*国際結婚斡旋業者規制法*（*International Marriage Broker Regulation Act*）(2005) は、将来の配偶者となる男性の犯罪歴や婚姻歴に関する情報とともに、アメリカ合衆国におけるDV被害者の権利や支援に関する情報が外国籍女性に提供されることを求めている。また、同法は、国際結婚斡旋業者が女性に関する情報を配布する前に、女性から書面による同意を得ることを求めており、また、18歳以下の女性に関する情報は一切頒布してはならないとしている。さらには、アメリカ合衆国内において一人の申請者が、婚約者用のビザを連続して申請することを制限している。

3.8 捜　　査

3.8.1 警察官の義務

◆ 勧　告
法は、警察官が以下のことをするべきであると、規定すべきである：
○女性に対する暴力の事件においては、支援や保護に関するすべての要請に対し、たとえそのような暴力の通報が被害者本人以外から寄せられたものであっても、迅速に対応すること。
○女性に対する暴力に関する通報を、他の暴力に関する通報と同様に扱うこと。またDVに関する通報を女性に対する他のあらゆる形態の暴力と同様に扱うこと。および、
○被害に関する通報を受けた場合、事件の発生現場のリスク・アセスメントを総合的に行い、それに応じて、被害者が理解できる言語で以下に示す対応を行うこと。
- 子どもを含む当事者や目撃者が自由に話すことができるような機会を確保するため、個別の部屋で聞き取りを行う。
- 被害の内容を詳細に記録する。
- 被害者の権利について助言する。
- 正式な被害届を作成し、保管する。

- 必要性がある場合、あるいは被害者からの要請があった場合、被害者が治療のために最寄りの病院や医療施設に行くことができるよう交通手段を提供、もしくは手配する。
- 必要がある場合、あるいは被害者からの要請があった場合、被害者や被害者の子ども、あるいは被扶養者ために交通手段を提供、もしくは手配する。および、
- 暴力の通報者を保護する。

◆ 解　説

　警察は、女性に対する暴力に関するあらゆる総合的な対応において、重要な役割を担っている。しかし、被害者は、警察に相談しても真剣に取り扱ってくれないかもしれない、嘘をついていると思われるかもしれないと恐れていたり、司法制度をほとんど信用していないこともあり、警察に通報することをしばしば躊躇する。法は徐々に、女性に対する暴力の事件における、警察官の役割を規定する条項を含むようになってきている。ガーナのDV法（2007）第7条は、警察官は「DV被害者が求める支援に応じなければならず、たとえ通報者が被害者本人でなくても、その事件の状況や通報者の求めに応じて、保護を提供するものとする」と規定している。続く第8条では、警察官の義務を詳細に規定している。フィリピンの女性とその子ども対する暴力に関する法（2004）第30条は、暴力事件の通報を怠った村役人あるいは法執行者に対し、罰金を課すことを規定している。レバノンでは、家族間暴力に関する法案が可決された場合、司法警察官は提出されたいかなる告訴あるいは被害届も放置してはならないこととされ、そうしないときには責任を問われることになる。

3.8.2　検察官の義務

◆ 勧　告

法は、
○ 負傷の程度や種類に関わらず、女性に対する暴力を起訴する責任は、被害者ではなく検察機関にあることを明確にすべきである。
○ 関連するすべての法的手続において、以下に示す事項を被害者が理解できる言語で、迅速かつ確実に伝えることを要請すべきである。
　　- 被害者の権利
　　- 関連する法的手続についての詳細

3 女性に対する暴力に関する法のモデル枠組

- 利用できるサービス、支援制度および保護のための手段
- 法制度を通して損害賠償や補償を受ける機会
- 事情聴取が行われる具体的な場所や時間を含む、事件に関連する事柄の詳細
- 加害者の裁判前あるいは刑務所からの釈放に関する情報　および、

○女性に対する暴力の事件を起訴しない場合には、被害者に不起訴理由を説明することを検察官に求めるべきである。

◆ 解　説

　被害者が恐怖にさらされたり、脅迫を受けることを考慮すると、女性に対する暴力の事件には、検察官もしくは検察官に相当する者が任命されることが重要である。そのような検察官の関与は、アメリカ合衆国における、DVに関する法律の最初の改正時の中心的な要素の1つであった。オーストリアでは、負傷の程度や種類に関わらず、あらゆる形態の暴力の事件が職権により起訴されることになっている。女性に対する暴力の事件については、被害者による私訴がなければならないとする国もあり、そこでは、被害者の権利擁護を求める活動を行っている人々が、検察官の関与の強化を義務づけるための法改正を求めている。

　法的手続に関する情報の欠如および（または）誤った情報は、被害者をおじけさせ、被害者が事件に十分かつ完全に関与することを妨げることにもなりかねない。特にDVの事件においては、訴訟の継続を躊躇させたり、被害者の安全を脅かすものとなりうる。加害者の保釈や（あるいは）在監状況に変更があった場合、それらの情報が被害者に伝えられなければ、被害者は自分自身の安全を保つことができなくなる可能性がある。被害者が、関連する公判の日時や手続を知らされなかった場合、何が起きているのか理解できないだけでなく、（あるいは）重要な期日を逃してしまうかもしれない。ナミビアのレイプ撲滅法（2000）第9条は検察官に対し、訴訟に関するすべての情報を被害者に提供することを確保するよう義務づけている。オーストリアでは、2006年の*刑事訴訟法典*の改正の際に、逮捕後に加害者が釈放された場合、被害者にはそのことを告知される権利があることが規定された。スペインの*DV被害者のための保護命令管理法*（*Act Regulating the Protection Order for Victims of Domestic Violence*）（2003）は、被害者には手続の変更や加害者の最終的な釈放に関する情報を含む訴訟手続について、継続的に告知される権利があることを規定して

いる。フィリピンの女性とその子どもに対する暴力撲滅法（*Anti-Violence against Women and their Children Act*）(2004) 第29条は、検察官や裁判所職員に対し、被害者の権利や救済について情報提供することを求めている。

女性に対する暴力の事件はしばしば、被害者に何の説明もないまま不起訴となっている。この問題に対処するために、たとえば、スペインの国家検事総長事務所（State's General Prosecutor Office）による2005年の8号通達のように、事件の不起訴理由を被害者に説明することを検察官に求める条項を法のなかに盛り込んでいる国もある。

3.8.3 積極的逮捕および積極的起訴の方針

◆ 勧　告
法は、
○女性に対する暴力の事件においては、犯罪が起きたと信じるに足る理由がある場合には、加害者の積極的逮捕および積極的起訴を行う方針を採択するよう規定すべきである。

◆ 解　説
警察官や検察官に対する教育や研修が行われているにもかかわらず、それらの職に従事している者の多くは、女性に対する暴力、特にDVは犯罪を構成するものではないと信じ続けている。警察官は女性に対する暴力の加害者に対し、しばしば警告ないしは注意を与えるにとどまり、たとえば逮捕のような、より厳しい対応を取っていない。また、多くの場合、検察官は被害者のことを信じることができず、および（または）証拠収集が困難であるといった理由により、女性に対する暴力の事件を起訴しない。このような問題に対応するために、職権による逮捕や起訴、積極的逮捕や積極的起訴、および被害者による供述なしの起訴等を含む、さまざまな対策が取られるようになってきている。

職権逮捕に関する政策は、状況から判断して犯罪が起きたと信じるに足る理由がある場合には、警察官が加害者を逮捕するよう求めるものである。このような政策が適切に行われれば、警察は代替的な処罰を科すことができず、事件は例外なく起訴されるに違いない。このような政策は、太平洋諸島のさまざまな国を含む、多くの国で採られている。ケニアでは、*性犯罪法*（2006）の下で、

3　女性に対する暴力に関する法のモデル枠組

警察はすべての事件を送致しなければならないことになっており、法務長官のみが、不起訴処分をすることができる。ナイジェリアでは、暴力禁止法案が可決された場合、「いかなる検察官も(a)訴訟を開始することを拒んではならない、または(b)同法18条(1)への抵触に関し、検察長官により当該検察官に起訴の取り下げの権限が認められている場合を除き、一般的あるいは具体的な事件であるかに関わりなく、起訴を取り下げてはならない」と規定されることになる。このような政策による力の行使を歓迎する者もいるが、他方、特にDVの事件において、被害者から当事者性を除去することになると懸念を示す者もいる。

　代替的なアプローチとしては、積極的逮捕と積極的起訴の政策がある。これらの政策は職権行使のアプローチに比べるとより柔軟なものであり、被害者がある程度、当事者としての立場を保つことができるものである。一方、警察や検察官によって、当該事件が真剣に取り扱われることを確保するものでもある。スペインでは、被害者が重大な危害を加えられる恐れがあると警察がみなした場合や、実際に警察が加害者の犯罪行為を目撃した場合には、積極的逮捕と拘留が行われる政策が採られている。ホンジュラスでは、2006年に行われたDV法の改正により、このような政策の変形版が導入された。それは、被害者が起訴の取り下げを希望した場合、その理由を調査することなしには、裁判官は事件を終了させることができないというものである。

　職権逮捕と積極的逮捕に関する政策は、警察官が本来の加害者（被害者が正当防衛のために、加害者に負傷を負わせることもある）を見極めることができない場合に、被害者が暴力の現場で逮捕されてしまうかもしれないという潜在的問題を有している。この問題に対応するため、アメリカ合衆国では、本来の加害者を見極める方法や、そのことに関する警察への研修内容が開発されてきている。

3.9　法的手続および証拠

3.9.1　調停の禁止

> ◆ 勧　告
> 法は、
> ○女性に対する暴力のすべての事件において、法的手続の前および法的手続がなされている最中に調停を行うことを明確に禁止すべきである。

◆ 解　説

　女性に対する暴力に関する法のなかで、刑事訴訟や家族法手続に代わるものとして、調停を推奨したり、提供している国もある。しかし、女性に対する暴力の事件においては、調停の利用によって多くの問題が生じる。調停になると、事件が司法による監視の目から外れ、当事者双方が平等な交渉能力を持つと推定されることになる。それにより、暴力の非が当事者双方に等しくあるとみなされ、加害者の責任が軽減される。したがって、女性に対する暴力の事件においては、調停を禁止する国が増加している。たとえば、スペインの*ジェンダー暴力に対する総合的な保護対策に関する基本法*（2004）は、女性に対する暴力の事件においては、いかなる種類の調停も禁止している。

3.9.2　適時かつ迅速な手続の奨励

> ◆ 勧　告
> 法は、
> ○適時かつ迅速な法的手続を規定し、状況に即して女性に対する暴力の事件への早急な対応を推奨すべきある。

◆ 解　説

　公判の遅延は、加害者からの報復の危険性を高め、とりわけ加害者が警察に拘束されていない場合は、その危険性が増す可能性がある。それに加え、このような遅延は、しばしば起訴手続に対する被害者の意欲を減退させる。インドでは、*ヴィシャカ対ラージャスターン州*および他のケースに対する最高裁判決によって設置が義務づけられたセクシュアル・ハラスメント苦情委員会に対し、セクシュアル・ハラスメントに関する訴えを扱う際には、あらかじめ手続期間

3 女性に対する暴力に関する法のモデル枠組

の制限を設けるよう求めている。スペイン、南アフリカ、イギリス、およびアメリカ合衆国の複数の州を含むいくつかの国では、女性に対する暴力に関する事件については裁判を迅速に進める、すなわち「早期解決方式」(fast-track)の手続が導入されている。また、スペインの*刑事訴訟手続法典の効果の見直しに関する基本法*(Organic Act on Impact Reviews of the Code of Criminal Procedure) (2002) は、特定の事件を処理するための迅速な裁判制度を導入し、DV事件に関しては、事件発生から15日以内に判決が出されることを可能としている。しかし、被害者が手続に関する主導権を持つことができるよう確保し、被害者に用意がないにもかかわらず、離婚や別居といった行動をとるよう強制されたと感じることがないようにすることが重要である。スペインの経験から、特別裁判所における手続が、ときとして被害者にとって早すぎるものとなっていることから、申立の取下げをする被害者がいることが分かっている。また、特別裁判所では、関連する専門職にあるすべての者を利用できるよう保障することも重要である。

3.9.3 独立した法律相談と仲裁機関を含む、無料の法律扶助、通訳、法廷支援

◆ 勧 告

法は、以下の事項に関する被害者の権利を保障すべきである。
○司法へのアクセスの確保と二次被害の回避のために、被害者がすべての法的手続、特に刑事手続に関して無料の法律扶助を受けること。
○被害者支援を専門とする者、および（または）仲裁を専門とする者によって、無料の法廷での付添や代理を務めてもらう権利を含む、無料裁判支援、また無料かつ事件に対する偏見を持たれることなく、法制度を理解するためのガイダンスや援助を受けるために、裁判所のなかに設置されているサービスセンターを利用できること。および、
○必要や要請があるときには、資格のある中立な通訳者や法的文書の翻訳を無料で利用できること。

◆ 解 説

独立した法的助言を含む法律扶助は、被害者が法制度や被害者に認められている救済を利用したり、理解するために非常に重要である。法的手続において、

3.9 法的手続および証拠

被害者に代理人をつけることは、被害者に有利な結果をもたらす傾向にあることが証明されている。たとえば、ブルガリアでは、*DV 保護法（2005）*に関する監視調査によって、保護命令の申立には弁護士は必要とされていないが、代理人を立てると、申立がより認められる傾向があることが明らかとなっている。移住労働者や DV 被害者を含む移民の暴力の被害者にとって、自らおよび自らの子どもの安全を求めたり、加害者の責任を追及する際に、言語の壁が主な障壁となる。

　被害者のための無料の法律扶助、および被害者が独立した法律相談や支援を受ける権利についての条項を盛り込んだ立法例のなかに、模範的なものが増えてきている。たとえば、フィリピンのレイプ被害者支援法（1998）第21条の下で設置されたレイプ・クライシスセンターは、被害者に無料の法律扶助を提供している。グアテマラの*女性殺害や他の形態の女性に対する暴力に関する法*（2008）第21条は、政府に対し、被害者に無料の法的支援を提供するよう義務づけている。アルメニアでは、政府に対し、DV 被害者に無料の心理、医療、法律、および社会的支援を提供するための活動を行っている相談センターやシェルターに対し、財政的支援を行うことを義務づける法案が作成されている。アメリカ合衆国内のさまざまな司法管轄圏では、DV 被害者が効率よく、かつ容易に法的助言や他のサービスを多言語で受けることができるよう、家庭内における虐待に対応するためのサービスセンターが、裁判所と同じ建物のなかに、政府による財政的支援を受けて設置されている。スペインでは、暴力を受けたあらゆる女性の被害者に対し、被った暴力の被害と直接的または間接的に関連する、すべての行政手続と司法手続を行うことができるようにするための無料の法律扶助を含む、専門的かつ迅速な法的支援を利用する権利が与えられている。

　ケニアでは、*性犯罪法（2006）*によって、被害者が自ら裁判所に行くことができない場合に、第三者が訴訟を起こすことができるよう規定されている。ホンジュラスの*刑事訴訟法典*（1999）は、たとえば女性の権利のための活動をしている組織のような、正式に設立された組織が、被害者の代理人となることの可能性について規定している。たとえば、ホンジュラスの女性の権利のためのセンター（Center for Women's Rights）は、性暴力の事件において、検察官と連携しながら、女性被害者のための代理人を務めている。

　イギリスやアメリカ合衆国では、その必要が認められた場合、検察が DV 被

3　女性に対する暴力に関する法のモデル枠組

害者のための通訳を確保し、通訳費用を支払う責任を負わされている。

3.9.4　法的手続における被害者の権利

◆　勧　告

法は、
○被害者に対し、法的手続全体を通じて、以下の権利を保障すべきである。
- 法廷に出廷するか否か、あるいは他の代替手段により証拠の提出を行うか否かを決めること。そこには代替的手段により証拠を提出する方法として、宣誓陳述書／宣誓供述書の作成、検察官に対し、被害者の代わりに関連する情報を提示するよう求めること、および（または）録音による証言の提出が含まれること。
- 被害者が法廷に出廷する際、加害者との対面を要求されることなく、証拠を提示すること。このような方法として、イン・カメラ手続、証人保護席、有線テレビ、ビデオリンクの使用が含まれる。
- 裁判所の建物内において保護を受けること。これには、被害者と加害者にそれぞれ別々の待合室が設けられていること、入口および出口も別々になっていること、警護、出頭および退去の時刻をずらすことが含まれる。
- 証言は、必要なだけ何度でも行うこと。
- 手続中、憲法上可能な限り、法廷を非公開とすることを要求すること。
- 事件に関係する個人についてのすべての情報の開示を禁じ、違反があった場合には適切な救済が適用されること。および、

○証人保護法がある場合には、それを類推適用すべきである。

◆　解　説

　法的手続によって、被害者はしばしば二次被害を受けている。それゆえに、法的手続が被害者の安全を守り、被害者には手続参加の選択を与える形で行われるようにすることが重要である。ナミビアのレイプ撲滅法（2000）は、被害者個人が出廷する権利、または加害者が保釈申請を行った場合には、検察官が被害者の代わりに、関連する情報を提示することを求める権利を規定している。フィリピンのレイプ被害者支援保護法（1998）第5条は、非公開の捜査、訴追、裁判、および加害者と（または）被害者の氏名や身上、あるいは身元を明らかにする他のあらゆる情報を公開しないことを規定している。ガーナの*DV法*（2007）第13条(2)は、裁判所が加害者の存在が被害者や証人に対し深刻な悪影

3.9 法的手続および証拠

響をおよぼすおそれがあり、被害者や証人から加害者を隔離することが必要であると判断する場合、手続の統合性を損なわせずに、措置をとることができると規定している。インドの最高裁判所は、ヴィシャカ対ラージャスターン州および他のケースにおいて、職場や他の施設がセクシュアル・ハラスメントの被害者に対応する際は、被害者と証人のいずれもが迫害や差別にさらされることがないようにすることを確保すべきであり、また、加害者、あるいは被害者自らが職場からの異動を求める権利を有するべきであるとの判断を示した。

被害者が出廷して証言する際には、一般の人々による法廷へのアクセスを禁止し、裁判所での訴訟手続を非公開にすることによって、脅迫、羞恥、および潜在的に有害な遭遇から被害者を保護することができる。ナミビアのレイプ撲滅法（2000）は、被害者のプライバシーの保護を確保するために、被害者の身元の公開について厳しい制限を課している。モーリシャスで検討中の*性犯罪法案（Sexual Offences Bill）*は、被害者に関する情報の公開を制限しており、「大衆に性犯罪の被害を訴えている者を識別させ、または識別させる可能性のある事項について、いかなる手段であっても出版、流布、複写、放送、公開する」ことは犯罪であると宣言している。ケニアの*性犯罪法*（2006）は、公開禁止の範囲を家族の特定に関する事項にまで拡大している。ヴィシャカ対ラージャスターン州および*他*のケースにおいて、インドの最高裁判所は、職場や他の施設に対しセクシュアル・ハラスメント苦情委員会の設置を義務づける前に起きた事件については、秘密を保持するよう命じた。近年のインドでは強かん罪の被害者の身元の公開がいかなる方法によっても禁止されるよう、*証拠法（Evidence Act）*の改正が行われた（第228条）。

ケニアの*性犯罪法*（2006）で規定されているように、女性に対する暴力の事件の被害者が証人保護法の存在と内容を十分に認識するよう、既存の証人保護法を類推適用することが重要である。

3 女性に対する暴力に関する法のモデル枠組

3.9.5 証拠の収集とそれらの提出に関連する問題

◆ 勧 告

法は、
○可能な限り、医学的および法医学的証拠についての適切な収集、およびそれらの裁判所への提出を命じるべきである。
○収集された医学的および法医学的証拠について、適宜の検証を義務づけるべきである。
○たとえば男性の親族等のあらゆる個人や集団による同意を求められることなく、被害者が法医学者による治療、および（または）診察を受けることを認めるべきである。
○被害者に対する二次被害が抑制されるようにするため、医学的および法医学的証拠の複合的な収集の防止を確保すべきである。
○医学的および法医学的証拠が、加害者への有罪判決を下す際の要件とならないよう規定すべきである。および、
○女性に対する暴力の事件において、被害者が証拠を出すことができない場合や、それを望まない場合、被害者を出頭させることなく訴追する可能性を規定すべきである。

◆ 解 説

　医学的および法医学的証拠の入念な収集は、公権力に課せられた重要な責務である。さまざまな国が女性に対する暴力の事件の証拠収集を、以前よりも念入りに行うようになっており、被害者が医学的および法医学的証拠を安全かつ秘密裏に保全することができるサービスへアクセスすることが、徐々に奨励されるようになっている。アメリカ合衆国の*女性に対する暴力および司法省への再授権に関する法律*（2005）は、各州に対し、被害者が警察に申告しないことを選んだ場合に、もしくは刑事司法制度や捜査当局に協力しないことを選んだ場合においても、無料で法医学的診察を受けることができるようにすることを確保するよう義務づけている。ケニアでは、*性犯罪法*（2006）の下で開発されたガイドラインによって、証拠収集における被害者の尊厳の保護が規定され、証拠はできる限り被害者の尊厳を侵すことのない方法で収集されること、回数制限を行うこと、および医療書式が詳細にわたり、かつ裁判所を含むあらゆる関係者によって、容易に理解しうるものとなることが求められている。

　しかし、訴訟手続においては、種々の理由から、医学的および法医学的証拠を提出できない場合がある。その理由として、被害者が医学的および法医学的

証拠の重要性に関する知識を有していないこと、診察に対し恐怖心を抱いていること、性的暴行を受けたあとに洗浄したり、ないしは証拠保全サービスを受けるまでに時間が経過した等の証拠を損なわせるような行動が被害者によって故意なくとられたこと、利用できる施設や女性に対する暴力の事件において、被害者に配慮した方法で証拠収集が行われるための研修を受けた人員が欠如していること、および暴力の性質等が挙げられる。したがって、法が被害者の証言のみに基づき加害者を訴追し、これに対し有罪判決を下すことを認めることが重要である。この点については、保護命令に関する枠組を示している3.10.7、および警告原則の排除／補強証拠原則の排除について取り上げている3.9.7.1のなかで詳細に述べることにする。

　加害者からの脅迫によって引き起こされた恐怖心、羞恥心、あるいは他の理由により、被害者が証言および（または）供述書の提出を望まない場合もある。女性に対する暴力の事件においては、被害者の証言が訴追側の証拠として重要であることを考慮し、被害者に証言を義務づける方針を採る国もある。しかし、この慣行によって、被害者が警察への通報を思いとどめてしまう可能性がある。被害者に証言を義務づける代わりに、被害者が出廷しなくても訴追できるようにすることも考えられる。このような訴追は、当該犯罪が司法制度によって深刻に受け止められていることを示すものであり、被害者の安全を促進することができる。被害者の主体性を強化するためには、被害者を出頭させることのない訴追を行う場合に、訴訟手続の全段階を通じて、被害者が十分な情報提供を受けることを確保することが非常に重要である。

3.9.6　被害申告の遅延による不利益な推定の禁止

◆ 勧　告
法は、
○訴えられている暴力行為とその被害が申告されるまでの間にいかなる期間の遅延があったとしても、裁判所がこれにより被害者に不利益な推定を行うことを禁止すべきである。それについて、
○女性に対するあらゆる暴力の事件においては、被害申告の遅延があったとしても、これを被害者に不利益な証拠としてはならないことを、裁判長が陪審員、判事補佐官のみならず、裁判長自身にも説示することを求めるべきである。

3 女性に対する暴力に関する法のモデル枠組

◆ 解　説

　暴力の被害者による公権力に対する被害申告は、しばしば遅れが生じる。このような遅延は、被害者が汚名や屈辱に対する恐怖心、および信じてもらえないことや報復に対する恐怖心を抱いていること、加害者に経済的あるいは感情的に依存していること、地理的に裁判所が行きにくい場所にあったり、専門的な刑事司法の人員が欠如していることから生じる当局への不信とアクセスの欠如等の種々の理由によって引き起こされている。被害者のこうした懸念が正当であるにも関わらず、女性に対する暴力の被害申告の遅延はしばしば、被害者が信用できないことを示すものとして解釈されている。

　女性に対する暴力の行為と当局への被害申告との間に、いかなる遅延があったとしても、そのことから被害者に不利益な推測を行うことがないよう確保するための立法が、多くの国で行われている。ナミビアのレイプ撲滅法（2000）第7条は、「性犯罪または猥褻罪により起訴された被告人に対する刑事訴訟手続において、裁判所は当該犯罪行為の実行とその被害申告との間の遅延の長さのみから、いかなる推測も行ってはならない」と規定している。南アフリカの*刑法（性犯罪および関連事項）（2007）*第59条にも同様の文言が含まれている。フィリピンの*女性とその子どもに対する暴力撲滅法（2004）*第16条は、裁判所が暴力行為とその申請書の提出との間の時間の経過を理由に、保護命令の発令を拒否してはならないことを規定している。

3.9.7　性暴力に関する法的手続からの差別的な要素の排除
3.9.7.1　警告原則・補強証拠原則の排除

◆ 勧　告
法は、以下のいずれかの方法により、性暴力の事件における被害者に対する、警告原則・補強証拠原則（cautionary warning/corroboration rule）の適用を排除すべきである。
○「被害者の供述に対して補強証拠を求めることは違法である」と規定する。
○性暴力の事件に関しては、被害者の供述に信用性があるとの推定をはたらかせる。
○「性暴力の事件に関しては、被害者の供述の信用性は、他の刑事手続における被害者の信用性と同様である」と規定する。

3.9 法的手続および証拠

◆ 解　説

　警告原則とは、裁判所が裁判所自身または陪審員に対し、他の証拠によって補強されない被害者の供述のみによって有罪判決を下すことは危険であると警告する慣行のことを指している（もしくは「補強証拠原則」としても知られている）。この慣行は、女性はレイプ被害について嘘をつくので、その供述証拠は他の独立した証拠によって補強されるべきであるという信念に基づいている。この慣行は、いくつかの国、特にコモン・ローや「シャリーア」による法制度を導入している国において、実施され続けている。しかしながら、多くの国では、警告原則を司法制度から排除している。ニュージーランド法を基礎とする、クック諸島の修正証拠法（*Evidence Amendment Act*）(1986-1987) は、「従前は、レイプあるいは性犯罪の被告人に対し有罪判決を下す際に法や慣行のなかで被害者の供述証拠に他の補強証拠を求めていたが、もはやそれは要求されないものとする」と規定している。同様に、ナミビアのレイプ撲滅法（2000）第5条は、「いかなる裁判所も、性犯罪または猥褻罪で起訴された被告人に対する刑事訴訟手続において、被告人が当該犯罪によって起訴されたことを理由として、被害者の供述証拠に対して特別の警告を与えることをしてならない」と規定している。ホンジュラスでは、裁判官が採用できる証拠が唯一被害者の証言であった、未成年の少女へのレイプの加害者に対する判決において、裁判所はその証言に証明力を認める旨を判示し、その裏付けとしてスペイン憲法裁判所の判例を引用した。

3.9.7.2 被害者の過去の性的経歴の不提出

◆ 勧　告
法は、
○民事および刑事いずれの手続においても、被害者の性的経歴が紹介されないようにするべきである。

◆ 解　説

　多くの国では、被害者の過去の性的経歴が、加害者に向けられた注目をそらし、それが被害者に対して向けられるよう利用され続けている。被害者の合意に基づく過去の性的経験を証拠として用いることを許容すると、被害者の信用

3 女性に対する暴力に関する法のモデル枠組

性に影響をおよぼすために使われかねず、被害者は信用できない人物であるとみなされ、訴追が不首尾に終わる結果を招き得る。被害者の過去の性的経歴に関係する証拠は、加害者に有罪判決を下す際、刑の軽減事由として使われてきた。性犯罪の被害者は、加害者の弁護人から、私的な性行為の詳細について問われ、しばしば二次被害にあってきた。

法が訴訟の対象たる行為と無関係な被害者の性的経歴を証拠として提出することを防ぐことにより、女性のプライバシーを保護し、裁判官あるいは陪審員が被害者に対して偏見を抱きかねない証拠の提出を避けることができる。*女性に対する暴力に関する法律*（1994）によって修正されたアメリカ合衆国の連邦証拠規則（United States Federal Rule of Evidence）412は、民事および刑事いずれの手続においても、被害者の性的経歴に関する関連性のない証拠の提出を禁じている。オーストラリアのニューサウスウェールズの*刑事手続法（Criminal Procedure Act）*（1986）第293条(2)は、「被害者の性に関する世評は証拠として許容されない」と規定している。インドの*証拠（修正）法（Evidence [Amendment] Act）*（2003）は、従前の証拠法のなかから、レイプ既遂・未遂事件における被害者の信用性の弾劾を許容していた条項を削除した。このような立法が、抜け穴や敵対的な司法解釈によって弱められることがないよう確保することが重要である。

3.9.8 「虚偽供述」の不処罰

◆勧　告
法は、
○虚偽告訴／虚偽申立を処罰する旨の規定を含むべきでない。

◆解　説
　女性に対する暴力に関する法はしばしば、虚偽告訴が法の下で犯罪を構成することを規定する条項を含むことがある。被害者がこの種の条項が存在するために、信じてもらえないことの恐怖心から、告訴を思いとどまる可能性があり、さらにはこのような条項が悪用され、加害者が報復目的で利用する危険性が高い。意図的な虚偽告訴は、他の分野の法で扱われることが一般的であり、女性に対する暴力に関する法のなかに含めるべきものではない。それゆえに、南ア

フリカの刑法（性犯罪と関連事項）修正法（2007）のような、女性に対する暴力についての直近の立法のなかには、この種の処罰規定を含まないものがある。

3.10　保護命令

3.10.1　女性に対するあらゆる形態の暴力に対する保護命令

> ◆ 勧　告
> 法は、
> ○女性に対するあらゆる形態の暴力の被害者が保護命令を利用できるようにすべきである。

◆ 解　説

　保護命令は、女性に対する暴力の被害者が利用できる最も効果的な法的救済措置である。保護命令は1970年代半ばに、アメリカ合衆国で初めて導入された。これは、加害者に自宅から退去するよう命じる権限を裁判所に与えることにより、DV 被害者に対し迅速な救済を与えるものであった。現在では、すべての州が保護命令を規定している。その内容は、保護命令の期間、法的強制力、申立人、発令者、経済的支援ないしは他の救済が命じられるか否かについて、大きな差がみられる。

　DV 以外の形態の暴力の被害者も保護命令の発令を求めていること、およびこれに応じて、最近のいくつかの立法がこのような命令の適用範囲を拡大したことが明らかとなっている。メキシコの*暴力のない生活への女性のアクセスに関する法律*（2007）第 6 章は、家族間の暴力、職場や教育現場における暴力、地域社会における暴力、組織的暴力、女性殺害を含む、同法によって定義されているあらゆる形態の暴力の被害者が保護命令を利用できることを規定している。イギリスの*2007年強制婚（民事保護）法*（Forced Marriage [Civil Protection] Act 2007）は裁判所に対し、(a)婚姻を強制されている者、または婚姻を強制させるために、あらゆる試みがなされている者、あるいは(b)強制的に婚姻させられた者、を保護することを目的とする命令の発令を認めている。

3.10.2 保護命令と他の法的手続の関連性

◆勧　告

法は、
○加害者に対する刑事手続や離婚手続等の他の法的手続をとることを要件とすることなく、被害者が保護命令を利用できるようにすべきである。
○保護命令は、他の法的手続に加えて発令されるものであり、他の法的手続の代わりに発令されるものではないことを規定すべきである。
○保護命令の発令をその後の法的手続において、重要な事実として紹介することを認めるべきである。

◆解　説

　保護命令の発令に対し、被害者が刑事告訴や離婚訴訟の提起等のさらなる法的手続をとることを要件とする国もある。このような要件は、被害者に保護命令の申立を躊躇させることになり、その結果、この要件に従わない被害者が罰せられる可能性がある。ガーナでは、DV法（2007）の下で、個人が他のあらゆる手続から独立して保護命令の申立ができること、および刑事手続ないしは民事手続の開始は、同法の下で保護命令を申し立てる者の権利に何ら影響をおよぼすものではないことが規定されている。フィジーでは、家族法（*Family Law Act*）（2003）第202条の下での保護命令の申立は、他の訴訟手続から独立して行うことができる、とされている。フィリピンでは、女性とその子どもに対する暴力撲滅法（2004）の下で、被害者が刑事訴訟や他の民事訴訟から独立して、保護命令の申立ができるようになっている。

3.10.3　保護命令の内容と発令

◆勧　告

法は、
○保護命令が、以下の措置を含むことを規定すべきである。
- 加害者に対し、被害者やその子ども（および他の相当な者）、およびそれらの者が頻繁に訪れる場所から、指定された距離をとるよう命じること。
- 加害者に対し、医療費の支払い、カウンセリング料、シェルター代、金銭的賠償を含む、被害者への経済的援助を行うよう命じること。加えて、

DV事件では、そこに住宅ローン、家賃、保険料、生活費、養育費が含まれる。
- 加害者に対し、自らまたは第三者を手配することにより、被害者に連絡をとることを禁じること。
- 被害者、その扶養家族、および他の親族や関係者に対し、さらなる暴力をふるうことがないよう加害者を抑制すること。
- 加害者に対し、銃器あるいは裁判所が定める他の武器の購入や使用、および保有を禁じること。
- 加害者の行動を電子的に監視することを求めること。
- DV事件では、加害者に対し、不動産の所有権に関していかなる方法によっても処分をせず、自宅から退去すること、および（または）被害者に交通手段（自動車等）や（または）被害者の他の生活必需品を引き渡すよう指示すること。

○刑事および民事いずれの手続においても、保護命令が発令されることを規定すべきである。および、
○関係当局は、被害者をその意思に反して、自宅から排除させてはならないことを規定すべきである。

◆ **解　説**

　時の経過とともに、保護命令の内容は広がりを見せている。スペインの*DV被害者のための保護命令管理法*（2003）は、加害者が直接または第三者を介して被害者に接近することを禁止すること、加害者と被害者が同居する住居から退去する義務を含む、被害者、その子、その家族、被害者の住居、職場、および被害者が頻繁に訪れるかもしれない他のあらゆる場所から指定された距離を加害者がとること、および子どもの一時的な監護、休暇の決定、養育費や家賃や保険料を含めた基本的な生活費の支払等の一連の救済措置について規定している。

　アルバニア、オランダ、アメリカ合衆国を含むいくつかの国では、裁判所が保護命令を発令する際の条件として、被害者に対する家賃、住宅ローン、保険料に加えて、子の養育費を支払うよう、加害者に命じることができる。インドの*DVから女性を保護する法律*（2005）第20条は、「治安判事は加害者に対し、DVによって被害者やその子に生じた費用や損失に相当する金銭的救済を支払うよう命じることができる」と規定している。

　アルバニアの*家族関係における暴力対策法*（2006）第10条(1)は、裁判所に対し、被害者と同居する住居から退去すること、および（または）被害者の永続

3 女性に対する暴力に関する法のモデル枠組

的なまたは一時的な住居の家賃を支払うことを加害者に命じる権限を認めている。イギリスの家族法（*Family Law Act*）(1996) 第33条から第41条は、被害者が保護命令に加えて占有命令を申し立てることができる旨を規定している。これにより、被害者には自宅に住み続けることができる権利が与えられ、他方、加害者は敷地内へ立ち入ることが「禁止」されるか、住居の特定部分のみへの立ち入りが許される。ガーナの *DV 法*（2007) 第20条、インドの *DV から女性を保護する法律*（2005) 第19条においても、同様の命令が規定されている。

3.10.4 緊急命令

◆ 勧　告

暴力の差し迫った危険があるとの申立がなされた場合、法は、
○関係当局に対し、加害者が自宅から退去し、被害者に接近しないように命じる権限を付与すべきである。および、
○事情聴取を行うことなく、一方当事者の申立の内容に基づき手続が開始されることを規定すべきである。また手続中、財産権や他の検討事項よりも、被害者の安全を優先することを規定すべきである。

◆ 解　説

　暴力行為の差し迫った危険がある場合の緊急保護命令の発令を規定する法を制定する国が増加している。緊急保護命令の手続的要件は、国によってさまざまである。オーストリア、およびドイツ、チェコ、オランダ、スロベニアを含む他のヨーロッパの国では、警察が他人の生命、健康、自由に危険をおよぼす者に対し、10日間その同居する住居からの退去を命じる職務上の命令を発令することができる。ブルガリアでは、*DV 保護法*（2005) の下で、被害者は裁判所または最寄りの警察を通して、緊急保護命令の申立ができる。フィリピンの*女性とその子どもに対する暴力撲滅法*（2004) 第14条は、Punong Barangay または Kagawad（選挙で選ばれた村役人）に対し、15日間の一方的保護命令の発令を認めている。法が、伝統的な権威者に対し準司法的な権力の行使を認める場合、手続が透明であると同時に、家族や地域社会の和解等の他の考慮事項に関する被害者の権利を優先させることが重要である。ブラジル、チリ、パラグアイ、ウルグアイ、ベネズエラを含む多くのラテンアメリカの国の DV 法は、「緊急」(urgency) あるいは「保護」(protection) 措置と呼ばれる同様の命令を

規定している。フィジーでは、家族法（2003）の下で、裁判所が被害者による一方的申立に基づき、禁止命令を発令することができる。

3.10.5　審理後の命令

◆ 勧　告
法は、
○（被害者に）通知と暴力の申立に基づく本格的審理の機会を与えた後に、裁判所に対し、長期間の確定的な、あるいは審理後の命令を発令する権限を付与すべきである。

◆ 解　説
　被害者の安全を促進するために、長期間の保護命令または確定的な保護命令を導入した国もある。このような命令は、被害者が出廷しなければならない回数を減らすことにより、被害者が加害者と対面させられる回数のみならず、被害者に課せられる経済的負担、感情的負担、精神的負担を軽減する。たとえば、アメリカ合衆国のニュージャージー州では、法廷での本格的審理の後に、確定的な保護命令を発令することができる。確定的な保護命令は、裁判所によって棄却されない限り効力を有する。ガーナのDV法（2007）第14条の下では、仮の保護命令（3月を超えないもの）を確定的な保護命令とすべきではない理由を加害者が法廷で示さない限り、仮の保護命令が確定することになっている。

3.10.6　保護命令の申立人

◆ 勧　告
法は、
○保護命令の申立人を、被害者本人、被害者本人が法的無能力者である場合には法定後見人に限定すべきである。または、
○被害者の主体性が尊重されることを確保しつつ、国家公務員、家族、関連する専門職にある者等の他の主体が申立人となることを認めるべきである。

◆ 解　説
　誰が保護命令の申立人となるべきかについては、さまざまな知見がある。被

3 女性に対する暴力に関する法のモデル枠組

害者のみが申立人となるべきであるとする見解もあれば、被害者の同意の有無にかかわらず、警察、ソーシャルワーカー、家族の構成員が、被害者に代わって申立人となることができるとする見解もある。スペインでは、ジェンダー暴力に対する総合的な保護対策に関する基本法（2004）の下で、法廷での本格的審理の際に被害者の希望を考慮しなければならないものの、同じ住居に住む家族の構成員、および検察官が刑法上の保護命令の申立を行うことができる。フィリピンの女性とその子どもに対する暴力撲滅法（2004）の下では、被害者、その両親、後見人、尊属、卑属、被害者の他の親族、ソーシャルワーカー、警察官、村役人、弁護士、カウンセラー、および被害者への医療サービス提供者等を含む広範囲の者が、保護命令を申し立てることができる。

　被害者のみが申立人となることができるべきだと論じる人々は、第三者に保護命令の申立の権限を付与すると、被害者の独立した意思よりも、被害者自身の利益や安全を優先したものとなりかねないと強調する。本来、保護命令による救済手段の目的の一つは、被害者をエンパワメントすることにあった。被害者やその子どもの最善の利益のための動機を有しない第三者の場合は、保護命令の申立権限を乱用しかねない。さらには、暴力の被害者はしばしば、暴力的なパートナーによって引き起こされる危険性を誰よりも判定できる者であることから、そのような命令の申請を他人に認めるということは、手続に関するコントロールを被害者から奪うことになる。

3.10.7　保護命令の発令にとっての被害者の十分な証拠

> ◆ 勧　告
> 法は、
> ○被害者の証言、宣誓陳述書あるいは宣誓供述書が、保護命令の発令にとって十分な証拠であることを規定すべきである。および、
> ○被害者の証言、宣誓陳述書、宣誓供述書に続き、他の独立した証拠—医学的証拠、警察の証拠等—が、保護命令の発令に求められることがないよう規定すべきである。

◆ 解　説

　法および（または）法的慣行は、ときとして、保護命令の発令の条件として、被害者の宣誓陳述書あるいは宣誓供述書に加え、これ以外の証拠の提出を求め

ることがある。このような要求は深刻な審理の遅延を引き起こし、審理の日程変更が必要とされることから、被害者の安全が軽視される可能性がある。ブルガリアでは、*DV保護法*（2005）の下で、裁判所が被害者の申立とその供述証拠のみに基づき、緊急保護命令または通常の保護命令を発令できる。

3.10.8　DV事件の場合における保護命令に特有な問題
3.10.8.1　立法は、当事者双方に対する保護命令、および挑発的な行動を理由とする出頭命令を含まないこと

◆ 勧　告
法は、
○国家公務員に、被害者が「挑発的な行動」をとったことを理由とする被害者の出頭を命じる権限を付与すべきではない。および、
○国家公務員に、当事者双方に対する保護命令を発令する権限を認めるべきではない。

◆ 解　説

　被害者が「挑発的な行動」をとったと主張されている場合に、法が被害者に対する警察による警告の発令を認めている国がある。経験上、被害者が「挑発的な行動」をとったことを理由に出頭が命じられている場合、裁判所が被害者に保護命令を発令する可能性がほとんどないことが明らかになっている。その結果、ウクライナを含む、このような条項を存在させている国では、現在、人権擁護団体がその修正を提言している。

　アメリカ合衆国では、被害者による保護命令の申立に対し、当事者双方に相互の保護命令を発令し、両当事者の行為を制限した裁判官がいた。このような命令は、被害者と加害者の双方が暴力について等しく非があり、責任があるということを暗示するものであり、被害者に法的問題を継続して突きつけることになりかねない。法が当事者双方に対する保護命令の発令を抑制する一方、未だにそれらを発令し続ける裁判官がいる。

3　女性に対する暴力に関する法のモデル枠組

3.10.8.2　保護命令手続における子の監護権への対処

◆勧　告
法は、保護命令手続のなかに子の監護権および面会交流について、以下の規定を含むべきである。
○監護権を付与することについて、加害者に対し不利益に推定すること。
○加害者が監視を受けずに面会交流を行うことについて、加害者に対し不利益に推定すること。
○加害者に監視を受けながらの面会交流が認められることに先立ち、加害者が直近の暴力行為から少なくとも３カ月が経過したこと、あらゆる形態の暴力の行使を止めたこと、加害者更生プログラムに参加していることを示さなければならないことを求めること。および、
○いかなる面会交流の権利も、子の意思に反して認められることがないこと。

◆解　説
　多くの国において、暴力の加害者は被害者に対する虐待と接近を継続する手段として、子どもの監護権を利用してきた。グルジアでは、*DVの撤廃、および被害者の保護と支援に関する法律*（2006）によって、保護命令手続において子の監護権の決定を行う場合には、裁判所に対し、子の安全について考慮する権限を与えている。ブルガリアでは、「被害者である親と同居している子、または問題となっている暴力行為をふるっていない親と同居している子の住居」を裁判所が一時的に移転させることができるようになっている。フィリピンの*女性とその子どもに対する暴力撲滅法*（2004）第28条は、「暴力の被害女性は、子／子どもの監護権を取得し、養育する資格があるものとする」、および「いかなるケースにおいても、被虐待女性症候群（battered woman syndrome）に苦しんでいる女性の加害者に未成年の子どもの監護権を付与してはならない」と規定している。

　保護命令手続における監護権の決定は一時的なものであるべきであり、永続的な監護権の問題は離婚訴訟あるいは家庭裁判所においてのみ、取り扱われるべきとすることを示唆する国やケースがあることが明らかになっている。これに代わるべき見解の１つは、DVについてより適切な理解を有しているという理由から、離婚や他の家族法の問題との関係から監護権の決定を行う裁判所よりも、保護命令事件において監護権の決定を行う裁判所の方に永続的な監護権

命令を発する権限を付与すべきである、というものである。家事手続における子の監護の対応方法についてのさらなる勧告は、**3.13**で述べることにする。

3.10.9　保護命令違反に対する刑事罰

◆ 勧　告
法は、
○保護命令違反を犯罪化すべきである。

◆ 解　説
　法が民事上の保護命令違反を犯罪化していない国では、検察と警察が加害者を逮捕できないことについての不満が表明されている。スペインでは、保護命令のあらゆる違反が犯罪化されており、保護命令違反があった場合、被害者は、加害者が被害者に対して取らなければならない距離、保護命令の期間、あるいは加害者を探知するための電子装置の使用を含む、保護命令のどの側面が修正されるべきかについて本格的な審理を受ける権利を有する。深刻な危険あるいは重大な被害が生じた場合、加害者に対し、予防的な審理前勾留の措置がとられることがある。南アフリカの*DV 法*（*Domestic Violence Act*）（1998）第17条は、保護命令違反を刑法上の犯罪であるとしている。裁判所が同法の下で保護命令を発令する場合には、裁判所は加害者に対し、保護命令を遵守する限り、執行が猶予されるとする逮捕状もあわせて発令する。イギリスの*DV 犯罪と被害者に関する法律*（*Domestic Violence Crime and Victims Act*）（2004）は、保護命令違反を具体的に犯罪化している。また、トルコでは、保護命令に違反した加害者には、3月から6月の禁固刑を科すことができる。フィリピンの*女性とその子どもに対する暴力撲滅法*（2004）は、保護命令違反は刑法上の犯罪であると規定し、これに対し罰金刑および（または）6月の禁固刑を科すことができる。ブルガリア等のいくつかの国では、保護命令違反を犯罪化するために、現行法の修正を検討中である。レバノンでは、家族間暴力に関する法案が可決された場合、加害者が保護命令に違反したときには、3月の禁固、および（または）罰金を、さらにはその違反が暴力の行使を伴うものであれば、1年の禁固刑を科すことができるようになる。

3　女性に対する暴力に関する法のモデル枠組

3.11　判　　決

3.11.1　犯罪の重大さと比例する量刑

> ◆勧　告
> 法は、以下を規定すべきである。
> ○刑罰が、女性に対する暴力の犯罪の深刻さに比例すべきものとなること。および、
> ○刑罰の結果における整合性を確保するため、量刑についての指針が整備されるべきであること。

◆解　説

　女性に対する暴力の事件において科されてきた刑罰は国ごとに多様であり、一貫性を欠いている上に、刑罰を宣告する裁判官による、女性に対する暴力の被害者に対する差別的な態度によって、しばしば影響を受けてきた。刑罰の不均衡を減らし、女性に対する暴力の事件における量刑が犯罪の深刻さと比例することを確保するための努力がなされてきた。女性に対する暴力の事件のなかで科される量刑の標準化は、刑罰についての指針を導入することによって、図ることができることが明らかになっている。

　イギリスでは、2007年に量刑指針評議会（Sentencing Guidelines Council）が性犯罪法（2003）における刑罰についての指針をまとめた。刑罰の不均衡を減らすために、多くの国では刑罰の下限を設定している。しかしながら、その有効性や抑止効果の程度については、それぞれ異なる。

3.11.2　量刑における減免および例外の排除

> ◆勧　告
> 法は、以下の規定を排除すべきである。
> ○いわゆる名誉犯罪の事件において、加害者に対する減刑および（または）刑を免除すること。
> ○加害者が事後に被害者と結婚する場合に、刑の免除が行われること。および、
> ○たとえば、セックスワーカーや処女ではない女性等の特定の「タイプ」の女性を巻き込んだ事件であることを、刑の減軽事由にすること。

3.11 判　　決

◆ 解　説

　多くの国で、女性に対する暴力に関する法が特定の状況において加害者の刑を免除し、および（または）減刑する規定が設けられている。たとえば、刑法典のなかで、加害者が性犯罪の被害者と結婚する場合に、性犯罪についての刑事責任を免れることを規定している国がある。多くの国の刑法典は、いわゆる名誉犯罪と呼ばれる事件において、加害者に軽減された刑を科す規定を設けている。

　多くの国で、刑法典からこのような条項を削除するための措置が講じられてきた。たとえば、トルコでは、2003年に姦通を犯した家族を殺傷した者に対する減刑を規定していた刑法典第462条が削除された。ブラジルでは、1994年に性犯罪の被害者と結婚する加害者に対する刑の免除を規定していた刑法典第107条第7項と同第8項を削除するために、法8.930により同法典の改正が行われた。ウルグアイでは、2006年に性犯罪の被害者と結婚する加害者に対する刑の免除を規定する刑法典第116条が改正された。

3.11.3　DVの再犯者・累犯者／悪質なDVの加害者に対する刑の加重

◆ 勧　告
法は、以下を規定すべきである。
○DVの再犯者・累犯者に対し、傷害の程度を問わず、徐々に刑を加重すること。および、
○保護命令違反の再犯者・累犯者に対し、刑を加重すること。

◆ 解　説

　DVの再犯・累犯は珍しいことではない。同じ刑罰が各暴力行為に科される場合、刑罰の抑止効果は疑わしいものがある。アメリカ合衆国とヨーロッパのいくつかの国では、再犯・累犯に対する刑を加重することにより、抑止効果があることが実証されている。1998年のスウェーデンの"Kvinnofrid"一括法案は、男性が妻、同居人の女性、元妻、および元同居人の女性に対する一定の犯罪行為を繰り返し行う状況に取り組むために、「女性の尊厳に対する著しい侵害」を新たな犯罪として刑法典に導入した。同犯罪に対しては、6月以上6年以下の禁固刑を科すことが可能である。チェコの刑法典第215a条は、DVの再犯・累犯に対する刑の加重を規定している。アメリカ合衆国の新しい修正法は、

3　女性に対する暴力に関する法のモデル枠組

被害者が加害者に対する保護命令を既に2回得ている場合、あるいは加害者が既に発令された保護命令に、2回の違反をしている場合に、裁判官が50年間有効である保護命令を発令することができる。

3.11.4　DV事件における罰金刑への配慮

◆勧　告
法は、以下を規定すべきである。
○DV事件での罰金刑が、被害者および（または）その子どもに経済的困難をもたらすのであれば、科すべきではないこと。および、
○罰金刑を科す場合、加害者に対する治療と保護観察による監視が併用されるべきであること。

◆解　説
　女性に対する暴力の事件の多くで、加害者は刑事手続のなかで罰金刑を科されたり、民事手続のなかで罰金の支払を命じられることがある。罰金は、刑法や民法に違反したことを理由として、加害者から国家に対して支払われる金銭である。DVの加害者に対し罰金刑を科すことにより、被害者の生活が圧迫される可能性があるために、罰金刑は加害者に対する処罰の形態として不適当であることが指摘されてきた。このため、スペイン等の国では、この種の犯罪に対して罰金刑を科す規定を削除している。加えて、加害者の態度の更生には、罰金刑が処罰の形態として不十分であることも知られている。

3.11.5　被害者に対する原状回復および補償

◆勧　告
法は、以下を規定すべきである。
○刑事事件の判決により、被害者に対する加害者からの損害賠償および原状回復を命じることができること。
○女性に対する暴力の加害者の処罰において、賠償命令は1つの要素となり得るが、これを禁固刑等の他の刑罰に代替すべきではないこと。および、
○政府の予算による被害者賠償プログラムの創設に関する規定を設け、女性に対する暴力の被害者が公正な損害賠償を申請、および受領できるようにすること。

◆ 解　説

　刑事罰が十分に活用されてこなかったことの一面には、被害者が加害者に対して損害賠償金の支払いを請求する可能性があったことによる。しかしながら、暴力によって生じた損害に比例する賠償金の支払を規定している、グアテマラの女性殺害や他の形態における女性に対する暴力に関する法（2008）第11条やイギリスの犯罪被害賠償法（*Criminal Injuries Compensation Act*）（1995）等にみられるように、刑事事件においても損害賠償の支払を命じることを認める法律を制定する国が増えている。スペインでは、*暴力犯罪と性的自由に対する犯罪の被害者への支援に関する法律*（*Act Concerning Aid and Assistance to Victims of Violent Crimes and Crimes against Sexual Freedom*）（1995）により、暴力犯罪の被害者や性的自由に対する犯罪の被害者のための特別基金が設立された。

3.11.6　加害者更生プログラムと代替判決

◆ 勧　告

法は、
○判決のなかで、加害者更生プログラムを命じることができることを規定し、かつ、このような加害者更生プログラムの実施者が被害者へのサービス提供者と緊密な連携を持つよう命じるべきである。
○加害者に加害者更生プログラムへの参加のみを命じ、他の刑事罰を科さない判決を含む、代替判決の使用は、厳重な注意をもって行われなければならず、被害者の安全と判決の実効性を確保するために、司法当局と女性のNGOにより、判決の継続的な監視がなされる場合においてのみ、言い渡されることを明らかにすべきである。および、
○女性のNGOと被害者の関与の下で、加害者更生プログラムと代替判決を慎重に再検討し、監視するよう命じるべきである。

◆ 解　説

　代替判決は、刑務所への収監以外のあらゆる刑罰や処罰を意味するものである。これには、加害者に地域社会への奉仕活動、および（または）加害者更生プログラムへの参加を命じることが含まれる。刑罰の選択肢として、他の刑罰に加えて、または他の刑罰に代えて、加害者更生プログラムへの参加を命じる判決を下すことを認める国が増えている。加害者更生プログラムが有意義な場合もある一方、被害者へのサービス提供者は使える財源が限られている場合、

3 女性に対する暴力に関する法のモデル枠組

加害者更生プログラムよりも被害者へのサービスを優先すべきであり、また、そのような判決は、被害者の安全に対する危険性がないことが確保されていると認定された場合においてのみ、加害者に科されるべきである、との見解を強調してきた。コスタリカの女性に対する暴力の犯罪化法（2007）第11条から第20条は、代替判決を下しうる場合とその代替刑についての詳細な指示を規定している。スペインのジェンダー暴力に対する総合的な保護対策に関する基本法（2004）は、女性に対する暴力の事件で、かつ2年未満の刑務所への収監が予定されている場合において、刑の執行を猶予し、または他の刑に代替することができることを規定している。刑の執行が猶予された場合、加害者には、加害者更生プログラムへの参加が義務づけられる。経験上、被害者の安全と加害者の更生に役立つプログラムとなることを確保するためには、十分に開発されたプログラムの設置が重要であることが強調されてきた。イギリスでは、判決で選択された、総合的な家庭内虐待プログラム（Integrated Domestic Abuse Programme）が有意義な成果を上げている。このプログラムは、26週間からなり、加害者のふるまいや態度を変えるために、それらのふるまいや行為に対する自らの責任を加害者に受け入れさせることに着目したものである。公認の加害者更生プログラムは、暴力が継続しているか否かについての被害者からのフィードバックが反映されるものとなるよう、被害者支援団体と連携してなされなければならない。

3.12　民事訴訟

3.12.1　加害者に対する民事訴訟

◆ 勧　告
法は、
○被害者が、加害者に対して民事訴訟を提起できることを認めるべきである。および、
○女性が、夫や家族内の他の構成員に対して提訴することを禁じる条項、あるいは女性が提訴するのに夫や家族内の他の構成員からの同意を求める条項を廃止すべきである。

◆ 解　説
　民事訴訟は、刑事訴追や民事上の保護命令および他の法的措置の補完、ない

しは代替として有益なものである。事件に関する事実やその国の法制度にもよるが、被害者が民事訴訟で勝訴した場合に得られる救済の方法には、損害賠償、懲罰的損害賠償、宣言的救済、差止による救済、被告に対し勝訴した原告の弁護士費用の支払いを命じる裁判所命令を含むことができる。多くの法制度において、民事訴訟には刑事訴訟を上回る利点がある。民事事件は刑事事件よりも証明責任が軽減されていることから、被害者が訴訟をコントロールすることができる。また、民事訴訟の勝訴によって得られる救済の方法の方が、加害者を刑務所に収監するよりも有益であると考える被害者もいる。アメリカ合衆国では、最近の方針変更により、DV被害者による加害者に対する民事訴訟の提起が容易となった。DVの訴えに対する法律上の提訴期限を延長した州もある。また、多くの州で、配偶者間の不法行為を免責し、配偶者間の訴訟を禁じていた古くからのコモン・ローの原則が放棄されている。

3.12.2　第三者に対する民事訴訟

◆ 勧　告
法は、以下を認めるべきである。
○女性に対する暴力の被害者が、政府または民間の個人や団体に対し、暴力を防止し、調査し、処罰するために適切な注意を払わなかったことを理由に提訴すること。および、
○非差別原則および（または）公民権法に基づく訴訟を提起すること。

◆ 解　説
　第三者に対する訴訟は、女性に対する暴力についての政府機関や他の施設の責任を問う付加的な機会を与えるものとなり、被害者にとっては損害賠償金を得る途を開くものとなり得る。西ベンガル州の鉄道職員によるバングラデシュ女性へのレイプ事件を扱った鉄道委員会議長対チャンドリマ・ダス (*Chairman Railway Board* 対 *Chandrima Das* [*MANU/SC/0046/2000*]) のケースにおいて、インドの最高裁判所は、被害者が外国籍であるか否かにかかわらず、インド憲法の下で保障されている生命および平等に対する女性の基本的権利に対する侵害にあたると判断し、その損害賠償として、前例のない1万ルピーの支払を命じた。トルーマン対トリントン市 (*Thurman v. City of Torrington* [*595 F. Supp.*

3 女性に対する暴力に関する法のモデル枠組

1521 D. Conn. 1984]）のケースにおいては、原告が別居中の夫から受けた暴力について訴えたにもかかわらず、警察は再三にわたりこれを無視し、夫が荒々しい暴力をふるった際にも、これを傍観していた、と主張し、アメリカ合衆国のコネティカット州トリントン市に対する訴訟を提起した。その結果、陪審は原告に対する230万ドルもの賠償金の支払を認めた。このケースを受け、多くの警察がDVへの対応策を強化した。

非差別原則や公民権法の下で提起される訴訟は、加害者や第三者に対する民事訴訟の一部となっている。その国の法制度にもよるが、非差別原則あるいは公民権法によって、刑事訴訟ないしは民事訴訟あるいはその両方の提起を認めることができる。このような訴訟は、女性に対する暴力をジェンダー不平等のより大きな体系のなかに位置づけ、女性が身体の安全について権利を有することのみならず、平等についても権利を有していることを明確に示すものとなる。南アフリカの平等の促進および不当な差別の防止法（*Promotion of Equality and Prevention of Unfair Discrimination Act*）を含む、いくつかの国の法では、女性に対する暴力が差別の一形態として認識されている。ニュージーランドの人権法（*Human Rights Act*）（1993）は、セクシュアル・ハラスメントを差別の一形態であり、女性の人権に対する侵害であると定義している。アメリカ合衆国のいくつかの州と地域においては、ジェンダーに起因する暴力の被害者が公民権の侵害を理由とする訴訟を提起することが認められている。

3.13 家族法

◆勧　告

法は、以下に示す事項を保障し、家族法のなかの関連するすべての条項を改正すべきである。
○暴力的な夫との離婚と、女性と子どもに対する十分な生活費。
○離婚後も、被害者がそれまで住んでいた家族の住居にとどまる権利。
○加害者と結婚した女性の社会保障と年金の権利。
○財産分与や他の関連する手続についての迅速な処理。
○子の監護権と面会交流に関するすべての事件で、過去に暴力があったか否かについて慎重な審査を行うこと。
○子の監護権の付与について、加害者に不利益な法律上の推定をはたらかせること。

> ○ 適切な場合には、専門的に運営されている面会交流監視センターを利用できること。
> ○ 自己防衛的な行動を取ったり、さらなる暴力を避けるため避難した暴力の被害者を加害者として分類しないこと。あるいは子の監護権や面会交流の判断において、不利益な推定をはたらかせないこと。および、
> ○ 児童虐待とネグレクトの手続においては、暴力の加害者を非難の対象とすること。および子どもの保護はしばしば、その母親を保護することにより最も良い形で達成されることを認識すること。

◆ 解 説

　DVからの保護、および暴力を受けずに暮らす権利は、女性に対する暴力に関する法のみならず、家族と離婚に関する法のあらゆる関連分野においても、原則とならなければならない。女性に対する暴力の加害者に子の監護権を付与すると、成人の被害者とその子に対する危険を生じさせるものとなる。別居後に、子の監護権や面会交流についての取り決めを行うために、加害者が被害者に対して継続して連絡をとる必要があることをしばしば、加害者が被害者への虐待を続けるために利用することがある。

　アメリカ合衆国の連邦議会は1990年に、すべての州に対し、DVを行った親に子の監護権の付与に関する法律上の不利益な推定をはたらかせることを求める決議を全会一致で通過させた。加害者が子どもと面会交流を行う際に、第三者が面会の開始時および終了時に、子どもの引渡を監視することを求める国もある。しかしながら、このような取組には多くの問題があることも明らかである。アメリカ合衆国や、スペインやイギリス等のヨーロッパの国で行われているように、監視付面会交流センターを利用できる場合でも、このような施設を設立し、運営していくためには高い費用がかかる。その上、そのようなセンターの質が統一されていないという問題もある。さらには、監視付の面会交流であっても、加害者が被害者および（または）その子に危害を加える機会として、面会交流を利用する危険性は取り除かれるものではない。

　児童虐待やネグレクトに対する手続においては、成人の暴力の被害者が、ときとして、その子どもをDVにさらしたとして非難されることがある。アメリカ合衆国では、DV保護団体と児童保護サービス機関の代表者が、女性と子どもの双方の安全と福祉を保護するために、裁判所や地域社会の団体等に対して、一連の勧告を共同で作成している。ある評価によると、この勧告を実施するた

3 女性に対する暴力に関する法のモデル枠組

めに連邦政府から補助金を受け取った地域の児童福祉機関においては、DVに関する意識や実践面でいくらかの改善がみられたものの、制度的な変革の達成と維持は困難であることが示された。

3.14 難民法

> ◆ 勧 告
> 法は、
> ○女性に対する暴力が難民法上の迫害を構成し、そのような暴力の被害者は難民法上の「特定の社会集団」を構成することを規定すべきである。

◆ 解 説

　暴力の被害者は適切な状況において、難民の資格を認められるべきである。肯定的な判例の蓄積により、女性に対する暴力は難民資格認定の根拠となることが、次第に認められるようになっている。たとえば、イギリス貴族院は、1999年にDVを根拠とする難民性の主張に関し、画期的な判断を示した。*R 対移民控訴裁判所*（*R. v. Immigration Appeal Tribunal; Ex Parte Shah [1999] 2 AC 629*）のケースは、2人の既婚のパキスタン女性からの訴えを扱った事件である。これらの女性は、夫によって家から追い出され、パキスタンで不貞行為を行ったという虚偽告訴をされる危険にさらされていた。貴族院は、これらのパキスタン女性が差別されており、母国から保護されない集団に属すると分類され得ることから、最も広い定義を用いると特定の社会集団の構成員に該当することを根拠として、これらの女性に難民性を認めた。アメリカ合衆国の司法省入国不服審査会（Department of Justice Board of Immigration Appeals）は、ファウジーア・カシンジャ（*Matter of Fauziya Kassinja*, 21 I.& N.Dec. 357, Interim Decision 3278, 1996 WL 379826 [Board of Immigration Appeals 1996]）のケースにおいて、女性器切除を逃れるためにトーゴから逃亡してきた女性に難民性を認めた。しかしながら、アメリカ合衆国の裁判所が、ジェンダーに起因する暴力の事件のすべてに対し、一貫してこのような判断をしてきたわけではない。

4 女性に対する暴力に関する法案を起草する際のチェックリスト

☐ **段階1：法の目的を明記する**

あらゆる立法過程の最初に、法の目的が明確に定められなければならない。女性に対する暴力に関する立法の目的は、女性に対する暴力を防止すること、加害者に対する捜査、起訴、処罰を確保すること、および暴力の被害者に保護と支援を与えること、とされるべきである。

☐ **段階2：関係者への意見聴取を行う**

法によって影響を受けるか、または法を実施するすべての関係者に包括的な意見聴取を行うことは、準備過程の重要な要素である。これにより、暴力を経験している女性の実態が正確に描き出され、法がこれに適切に対応することが確保される。また、法が効果的に履行される可能性を高めることにもなる。以下の関係者リストは、完全に網羅するものではないが、女性に対する暴力に関する法を起草する際に、誰に意見聴取を行うべきであるのかについての指針を示している。

- ☐ 被害者
- ☐ 先住民、移民、障がい者、あるいは少数民族等の特定の集団に属する女性に対する暴力に関する活動歴を有するNGOを含む、女性に対する暴力についての活動を行っているNGO
- ☐ 被害者へのサービス提供者
- ☐ 女性の地位向上のための活動を行っている国内すべての機構を含む、政府の担当部局
- ☐ 国内の人権機関
- ☐ 警察および他の法執行官
- ☐ 検察官
- ☐ 裁判官
- ☐ 弁護士／弁護士会
- ☐ 保健医療関係の職にある者
- ☐ 法医学者

4　女性に対する暴力に関する法案を起草する際のチェックリスト

☐　ソーシャルワーカー／カウンセラー
☐　教師および他の教育制度の職員
☐　国家統計局
☐　刑務所の職員
☐　宗教や地域社会の指導者
☐　マスコミ関係者

☐ **段階3：法案を起草する際、証拠に基づく取組を行う**

　証拠に基づく取組は、法案の起草と立案が正しい知識を有するものとなることを確保するだけでなく、法の質、および法が将来、効果的に履行されることの潜在性を高め得る。法案は、女性に対する暴力のあらゆる形態の範囲、広がりと事件、そのような暴力の原因と結果、および女性に対する暴力の防止とこれに対する取組について、各国から得られた教訓や各国で行われている模範的実施に関するデータや研究を含む、信頼できる証拠に基づいて起草されるべきである。

日本の立法に求められていること

雪田樹理（弁護士、ヒューマンライツ・ナウ理事、
ヒューマンライツ・ナウ関西グループ事務局長）

　世界中の専門家により、各国の経験を踏まえて作成された、国連の「女性に対する暴力に関する立法ハンドブック」のなかで示されている立法のモデル枠組に関する勧告を参照しながら、日本の現行法を検討する。

1　人権に基づく包括的アプローチ

(a)　ジェンダーに起因する差別の一形態としての女性に対する暴力
【女性に対する暴力は差別の一形態であり、歴史的に不平等な男女間の権力関係の表れであり、また女性の人権に対する侵害であると認識すべきである】

　日本における「女性に対する暴力」に関する法としては、「配偶者からの暴力の防止及び被害者の保護に関する法律」（2001年10月13日一部施行、2002年4月1日全部施行、2004年・2008年改正。以下、DV防止法という）が挙げられる。
　前文には、「配偶者からの暴力は、犯罪となる行為をも含む重大な人権侵害であるにもかかわらず、被害者の救済が必ずしも十分に行われてこなかった。また、配偶者からの暴力の被害者は、多くの場合女性であり、経済的自立が困難である女性に対して配偶者が暴力を加えることは、個人の尊厳を害し、男女平等の実現の妨げとなっている」と書かれている。
　性別にかかわりなく、配偶者からの暴力を対象とした立法であるが、前文において、被害者が多くの場合女性であると述べ、「女性に対して配偶者が暴力を加えることは、個人の尊厳を害し、男女平等の実現の妨げとなっている」と明記することにより、女性に対する暴力がジェンダーに起因する差別の一形態であることを宣言している。

(b)　包括的な立法アプローチ
【あらゆる形態の女性に対する暴力を犯罪化し、防止、保護、被害者のエンパワメントと支援（健康面、経済面、社会面、精神面におけるもの）に関する項目、および加害者に対する適切な処罰と被害者が救済を利用できるようにするための項目を包含した、包括的および多領域にわたるものとなるべきである】

日本の立法に求められていること

DV防止法は、配偶者からの暴力に係る通報、相談、保護、自立支援、各関係機関の連携協力を定めており、形としては包括的立法アプローチになっている。しかしながら、たとえば、自立支援に関しては福祉事務所の努力義務を定めるにとどまり、社会福祉や保健医療の分野における被害者支援が義務づけられていない（第8条の3）。また、保護命令違反に対する加害者の処罰規定はあるが、加害者の暴力行為に対し適切な処罰をなすべきであることを示す規定はない。よって、次期改正の際には、勧告が示す包括的な立法アプローチの視点から見直しが必要である。

(c) すべての女性に対する法の平等な適用と多様な差別に取り組むための手段
【人種、皮膚の色、言語、宗教、政治的あるいは他の意見、国籍あるいは社会的出自、財産、婚姻状態、性的指向、HIV／AIDS陽性であるか否か、移民あるいは難民としての地位にあるか否か、年齢、ないしは障がいの有無にかかわりなく、すべての女性を差別なく保護すべきである】

DV防止法は、被害者の保護、捜査、裁判等の職務関係者の配慮として、「被害者の国籍、障害の有無等を問わずその人権を尊重する（以下、略）」（第23条）と規定している。しかしながら、DV防止法上の「被害者」とは「配偶者からの暴力を受けた者」（第1条2項）とされ、事実上の婚姻関係と同様の事情にある者を含むとしているが（第1条3項）、勧告に挙げられているようなすべての女性を差別なく保護するものとはなっていない。その属性にかかわらず、日本に在住するすべての女性に対する平等な適用が可能となるよう、次期改正時にこの点も十分に検討すべきである。

(d) ジェンダーに配慮した立法
【ジェンダーに配慮し、ジェンダーを意識しないものであってはならない】

勧告はジェンダーへの配慮の意味について、「女性と男性の間の不平等のみならず、女性と男性それぞれが求める特定のニーズを認識することである」としている。

多くの国では、女性と男性の双方に適用できるジェンダーに中立な法が採択されてきたが、加害者が巧みに操る可能性を踏まえ、ジェンダーに中立な法は女性の暴力の経験を特別に考慮するものとはならず、被害者の諸権利よりも家族の安定性を優先させる傾向にあることが指摘されている。

解説では1998年のスウェーデン刑法典を例に挙げ、男性や少年に対する暴力の訴追を認めるジェンダーに中立な条項と、女性の被害者の特定の経験やニーズを反映させたジェンダーに特化した条項を組み合わせることを推奨している。

DV防止法は「配偶者からの暴力」を対象とし、男女ともに適用されるジェンダーに中立な法として制定されているものの、女性の被害者の特定の経験やニーズを考慮する条項は盛り込まれていない。DVの被害者は圧倒的に女性であることから、日本においても女性の被害者の特定の経験やニーズを反映させた立法あるいは運用がなされるべきである。

2　履　行

(a)　国の行動計画または戦略

【女性に対する暴力に関する国の行動計画や戦略を策定し、包括的かつ連携した法の履行のための枠組として、その計画を参照すべきである】

DV防止法は、国（内閣総理大臣、国家公安委員会、法務大臣、厚生労働大臣）に対して、配偶者からの暴力の防止及び被害者の保護のための施策に関する基本方針を定めなければならないとし（第2条の2・1項）、都道府県はその基本方針に即して都道府県基本計画を定めなければならないとしている（同2項）。また、男女共同参画社会基本法は、国が男女共同参画社会の形成の促進に関する施策を総合的に策定し、実施する責務を有するものとし（第8条）、政府が男女共同参画基本計画を定めなければならないとしている（第13条）。男女共同参画社会基本法に基づき、2010年12月17日に第3次男女共同参画基本計画が閣議決定され、そのなかで「女性に対するあらゆる暴力の根絶」が重点分野の一つとして挙げられている。この勧告の趣旨が行動計画の推進において十分反映されるよう、注視する必要がある。

(b)　予　算

【法の履行のための予算の配分を命じるべきである。
- **政府に対し、関連する活動を実施するための適切な予算を与えるよう、一般的責務を課すこと。**
- **専門的な検察官事務所の設置等の特定の活動に対する財政的支援の配分を要求すること。**
- **専門領域の活動を行うNGOに対し、特定の予算を割当てること】**

DV防止法は、国と都道府県や市の支弁とその割合を定めているが（第27

条・28条)、民間のNGOに対しては「必要な援助を行うよう努めるものとする」(第26条)に留まり、予算配分を義務づけていない。被害者支援を充実させるためには、さらなる予算措置を図るとともに、民間のNGOへの援助を義務づける必要がある。

(c) 公務員に対する研修と能力向上
【法は、女性に対する暴力に関する法の履行に携わる公務員(警察、検察官、裁判官を含む)に対し、適正かつジェンダーに配慮した法の履行をなしうるよう、定期的かつ組織的な研修と能力向上を命じるべきであり、また、そのような研修と能力向上は、女性に対する暴力の被害者を支援しているNGO等と密に相談しながら開発され、実施されるよう、命じるべきである】

DV防止法は、「国及び地方公共団体は、職務関係者に対し、被害者の人権、配偶者からの暴力の特性等に関する理解を深めるために必要な研修及び啓発を行うものとする」(第23条2項)と定めるにとどまっている。定期的かつ組織的な研修、あるいはNGOと連携した研修の開発や実施に関する規定はなく、公務員の専門的な研修や能力向上のための取組はほとんど実施されていない。そのため、法の履行が公務員の個人的な資質や意欲および意識に左右されており、法の効果的かつ画一的な履行がなされていない。よって、被害者支援を専門的に行っているNGOと連携しながら、定期的かつ組織的な研修が実施されるべきである。

(d) 専門の警察および検察の部門
【女性に対する暴力に関する専門の警察部門、および検察部門を任命または強化し、それらの部門の職務の遂行とそれらに配属された職員に対する専門的な研修の実施に向けての適切な財政的支援を行うよう保障すべきである。被害者が女性警察官または女性検察官に連絡する選択権を与えることを保障すべきである】

解説では、暴力の加害者が処罰されることを確保するためには、暴力行為の捜査、証拠保全、および起訴状の提出において、警察当局と検察が最も重要な職務を担っており、女性に対する暴力への対応に関する専門部門があると、より敏速に対応できるだけでなく、より大きな効果を発することが示されている。また、専門部門の創設が女性に関する問題を周縁化させかねないことから、適切な財政的支援とスタッフへの研修が備わったものであることがきわめて重要であることも指摘されている。

女性に対する暴力を積極的に処罰し、女性に対する暴力の根絶を推進するためには、これらの点が極めて重要な点であるにもかかわらず、日本では専門の警察や検察の部門は設置されていない。よって、海外の先例を比較検討しながら、日本の状況にあわせた専門の警察および検察部門を設置すべきである。

(e) 専門の裁判所
【女性に対する暴力に関する事件を適時、かつ効果的に取り扱うことを保障するための専門の裁判所の創設、または特別裁判手続について規定し、専門の裁判所に配属された公務員が専門の訓練を受けること、およびそのような公務員のストレスや疲労を最小限にするための対策が取られることを確保すべきである】

解説では、裁判所と司法関係の公務員が専門の裁判所において女性に対する暴力を専門的に扱うことでジェンダーへの配慮がなされるようになること、また迅速に処理する手続を含むことで強力な実効性が発揮され、効果が上がった例が多数みられることが指摘されている。

日本ではこのような専門の裁判所は創設されていない。今後の立法では、DVや性暴力など女性に対する暴力の事件を専門的に扱う裁判所の創設が欠かせない。また、離婚と子の監護に関する手続と刑事手続を含むDV関連事件のすべての法律分野を取り扱う総合裁判所の具体例も示されている。事件の種類ごとに異なる裁判所で裁判手続がなされる日本の現状は、被害者に過大な負担をもたらしている。被害者の安全性を高め、負担を軽減するために、総合的な専門裁判所の創設が検討されるべきである。

3 監視と評価

(a) 履行を監視するための具体的な制度的メカニズム
【法の履行状況を監視するための各関連部門を横断的に調査する具体的な制度を設け、調査結果を定期的に政府に報告し、さらには法の改正が必要な場合には改正に関する提言を行うこと。これらの調査メカニズムのための必要な予算を確保すること】

法の履行を監視することにより、①法の適用範囲と有効性の解離、②法曹実務家および他の関係者に対する研修の必要性、③首尾一貫した対応の欠如、④法によってもたらされた被害者に対する想定外の影響等の問題点を明らかにし、その結果、改正する必要がある箇所を明確にすることができる。また、実際の法の運用を明らかにするための監視調査は、政府がNGOと協力し、被害者と

サービス提供者の参加を得ながら実施すると、最も大きな効果を期待できることも指摘されている。

日本でもこのような立法を設けることにより、的確な法の運用や改正が期待できる。

4 定　義

(a) 女性に対する暴力の定義

【法は、あらゆる形態の女性に対する暴力に適用されるべきであること、特定の行為者によって、特定の状況下に行われる女性に対する暴力（家族内、地域社会内、紛争下、および国家による暴力）を認識すべきである】

さまざまな暴力の形態が個別の法律で扱われようと、あるいは一つの法律に集約されていようと、予防・被害者保護と支援、加害者処罰に関する施策、および法の完全な実施や法の評価を確保するための施策を含む、包括的な法的枠組が求められている。

日本ではこのような女性に対する暴力に関する包括的な定義をなした法律はない。今後の立法における重要な検討課題である。

(b) DV の定義

① DV の形態に関する包括的定義

【法は、身体的、性的、心理的、経済的暴力を含む、DV の包括的な定義を採用すべきである】

心理的および（または）経済的暴力を含む DV については、ジェンダーに配慮し、適切な方法で適用されることが非常に重要であり、対象行為が暴力を構成するか否かについての判断は、心理学者やカウンセラー、暴力の被害者の支援者やサービス提供者を含む、この分野に関連する専門職にある者やこの分野の研究者の見解が用いられるべきとしている。

DV 防止法は、身体に対する暴力又はこれに準ずる心身に有害な影響を及ぼす言動を「配偶者からの暴力」と定義しており（第1条1項）、後者については、精神的暴力又は性的暴力を意味すると解釈されている。しかし、「心身に有害な影響を及ぼす言動」の意味があいまいなため分かりにくいものとなっている。実際にこれには含まれない DV の形態を伴う実例が多数あることから、より包括的な定義を採用すべきである。

② 法により保護される人の範囲
【法は、少なくとも婚姻関係にあるカップル、事実婚関係にあるカップル、同性カップル、同居していないカップルを含む、親密な関係にあるか、そのような関係にあった個人、互いに家族関係にある個人、同一世帯に属している構成員に適用されるべきである】

DV防止法は、婚姻の届出をしていないが事実上婚姻関係と同様の事情にある者を含む婚姻関係にある者のみを保護の対象としていることから、その対象範囲が限られている。勧告にしたがい、保護される人の範囲を拡大すべきである。

(c) 性暴力の定義
① 夫婦間レイプを含む、強かん等の性暴力の広範な犯罪の定義
【性暴力は、身体の統合性と性的自己決定を侵害するものと定義すべきである。現行の強かん罪と「強制わいせつ」罪を、被害の程度に応じて、より広範な性暴力の犯罪と置き換えるべきである。少なくとも、被害者の年齢、加害者と被害者の関係性、暴力の行使やその脅迫、複数の加害者による犯行、攻撃により被害者が被った重大な身体的ないし心理的結果等の加重事由が存在する場合は、刑を加重すべきである。性暴力は強制力や暴力を用いてなされるという要件、および性器の挿入を証明する要件をなくすべきである。また、「明確で自発的な合意」の存在を求め、その立証にあたっては、加害者に対し、被害者から同意を得たか否かを確認するための段階を踏んだことの証明を求めるべきである。ないしは「強制的な状況」下で行われたことを要件とし、強制的な状況は広く定義されるべきである。なんらかの関係にある者の間で起きる性暴力（たとえば、夫婦間レイプ）に関しては、以下のいずれかの方法によって犯罪化すべきである。①加害者と被害者との間の「関係の性質にかかわらず」、性暴力に関する条文を適用するよう規定する。ないしは、②「婚姻関係にある、または他の関係にあることが、法の下での性暴力の犯罪に対する抗弁を構成しない」ことを規定する】。

日本では、性暴力犯罪は強かん罪と強制わいせつ罪の二元的な構造となっており、しかも強かん罪の成立には、相手の反抗を著しく困難にさせる程度の「暴行又は脅迫」が要件とされている（刑法第177条）。そのため、被害者側に強い抵抗があったか否かが問われる。また、被害者側の抵抗の度合や落度が責められ、同意のない性交であっても犯罪が成立しないことがある。夫婦間レイプや、なんらかの関係にある者の間で起きる性暴力など、加害者と被害者との関係性による「強制的な状況」下でなされた性暴力は、ほとんど処罰されていな

いのが現状である。
　勧告にしたがって、被害の実態を正確に反映する性暴力のすべてを網羅する犯罪類型を設けるとともに、犯罪の立証過程で被害者が二次被害にさらされることがないようにすること、加害者と被害者との関係のいかんを問わず性暴力に関する条文が適用されること、および夫婦間レイプなど親密な関係にある者の間で起きる性暴力も犯罪となることを、法に明記すべきである。

② セクシュアル・ハラスメントの定義
【セクシュアル・ハラスメントを犯罪化し、また差別の一形態であり、女性の健康と安全に関する人権を侵害するものであると認識すべきである。セクシュアル・ハラスメントを雇用分野の不均衡な権力関係のなかで発生するものと限定的に捉えるのではなく、上下関係、または同列な関係における不快な性的言動であると定義し、雇用（インフォーマルな雇用分野も含む）、教育、物やサービスの受領、スポーツ活動、財産の取引行為におけるものを含むべきである。不快な性的言動を規定すべきであり、その内容には、（直接的または暗示的なものであるかどうかを問わず）身体的な接触や誘い、性的欲望を満たすための行為を要求すること、性的な発言、性描写が露骨である写真やポスターおよび落書きを示すこと、および他のあらゆる不快な性的意味合いを持つ身体的、言語的、非言語的行為を含むものとすべきである】

　日本では、男女雇用機会均等法によって、性別にかかわりなくすべての労働者に対するセクシュアル・ハラスメントを防止するための雇用管理上の措置義務が事業主に課されているものの（第11条）、それ以外の立法はなされていない。職場や教育現場におけるセクシュアル・ハラスメントに関する法規制は判例によって確立されてきているが、判例は加害者と被害者の間の上下関係や支配従属関係といった権力関係の存在を前提にセクシュアル・ハラスメントを認定している。
　しかしながら、勧告が指摘するように、実際に発生しているセクシュアル・ハラスメントは雇用分野に限らず、より広範な場面で発生している。また、権力関係のない状況下においても発生している。したがって、セクシュアル・ハラスメントが女性に対する差別の一形態であることを明示した包括的立法が必要である。

5 防止

(a) 女性に対する暴力の防止に関する条文の包摂

【法は、女性に対する暴力の防止を優先すべきであり、女性に対する暴力を防止するための以下の措置に関する規定を含むべきである。
- 女性の人権、ジェンダー平等、女性が暴力から解放される権利に関する啓発活動。
- 差別的である社会的および文化的行動態様、またジェンダーに基づく軽蔑的な固定観念を修正するための教育カリキュラムの使用。および、
- 女性に対する暴力について、メディアの関心を高めること】

DV防止法は「国及び地方公共団体は、配偶者からの暴力の防止に関する国民の理解を深めるための教育及び啓発に努めるものとする」(第24条)とし、教育および啓発に関する一般的な努力規定を置くにとどまっている。勧告にしたがい、より効果的な防止に結びつくよう、具体的な規定を設けるべきである。

(b) 意識の向上、教育カリキュラム、メディアに対する配慮

【法は、
- 政府に対し、女性に対する暴力についての意識向上を目指したキャンペーンに対する支援と予算措置を行うよう義務づけるべきである。
- 幼稚園から高等教育レベルにおよぶすべての学校教育において、女性と少女の人権、ジェンダー平等の促進、特に女性や少女には、暴力のない生活を送る権利があることについて教育を行うよう義務づけるべきである。
- ジャーナリストや他のメディア関係者に対し、女性に対する暴力についての配慮を示すよう奨励すべきである】

日本でもこれらの勧告内容を具体化する立法がなされるべきである。特に若い世代における意識の変革は、将来の日本社会のジェンダー差別の是正と女性の人権の獲得に向けて必須であることから、教育カリキュラムにおけるジェンダー教育の充実化が求められる。また、世論形成にはメディアが強い影響力を持つが、現在の日本社会ではテレビや雑誌等の媒体を通して、日常的に固定的性別役割分担を浸透させるような報道がなされている。公共放送、民放ないしはフリーのメディア関係者であるか否かを問わず、メディア向けのジェンダー研修や意識の向上のためのワークショップ等が女性のNGOや他の人権団体との連携の下で実施され、その効果を図るための措置がなされる必要がある。

6　被害者への保護、支援、援助

(a)　包括的かつ総合的な支援サービス

【法は、国に対し、暴力の被害者を支援するための包括的かつ総合的な支援サービスを構築するための資金の提供、および（または）それらのサービスへの貢献を義務づけるべきである。暴力を受けた女性の被害者のためのすべてのサービスは、その女性の子どもに対する適切な支援をも提供するものでなければならないと規定すべきである。および、すべての女性が、このようなサービスの提供場所に平等にアクセスできるようにすべきである。また、以下の最低基準を勧告している。

- すべての被害者が、24時間いつでも無料で電話相談を受けることができ、他の支援機関への紹介も受けることができるような全国女性電話ホットラインを設置する。
- 安全な緊急保護、質の高いカウンセリング、および長期滞在場所を探すための支援を提供するシェルター／避難場所を1万人につき1箇所設置する。
- 被害者に対する法的アドバイスや支援、被害者への長期的支援、および特定のグループ女性（暴力を受けた移民の被害者、女性の人身売買の被害者、職場でのセクシュアル・ハラスメントの被害を受けた女性等）に対する専門的な支援を含む、被害者に対する積極的な支援や危機的状況への介入を行うための女性相談支援センターを、5万人つきに1箇所設置する。
- 女性20万人につき1箇所のレイプ・クライシスセンターを設置する。
- リプロダクティブ・ヘルスとHIV予防を含む医療へのアクセスを確保する。】

日本では、DV防止法第3条に基づき、都道府県には配偶者暴力相談支援センターの設置が義務づけられており、また市町村にもその努力義務が定められている。配偶者暴力相談支援センターでは、被害者の保護のために、相談、カウンセリング、緊急安全確保、一時保護、自立支援のための援助等が行われている（第3条3項）。同センターは全国に201箇所（2011年4月現在）設置されているが、勧告の最低基準を大きく下回っている。また、レイプ・クライシスセンターの公的制度は確立されていない。勧告の基準にしたがい、包括的かつ総合的な支援がなされるよう、現在の制度の見直しや新たな制度の確立がなされるべきである。

このような支援サービスは法律で義務化されるとともに、ジェンダーの視点から被害者をエンパワメントするような包括的支援であるべきである。また、このような支援サービスは、実績のある女性NGOの協力によって運営されるべきである。

(b) レイプ・クライシスセンター
【性暴力の被害者が、国の費用により、妊娠検査、緊急避妊、人工妊娠中絶、性感染症の治療、負傷の治療、被害後の予防およびカウンセリングを含む、包括的かつ総合的なサービスに速やかにアクセスできるよう規定すべきである。このようなサービスへのアクセスは、被害者による警察への被害の申告の有無を条件とするものではないことを規定すべきである】

日本では、2010年4月に民間の「性暴力救援センター・大阪」がスタートし、同年7月から警察庁によって、「ハートフルステーション・あいち」が試行されているが、恒常的な公的制度としては確立されていない。立法に基づく全国的な公的制度の導入が必要である。また、警察庁の2006年の通達(「性犯罪被害者に対する初診料・緊急避妊等経費の公費負担制度の実施について」)により、性犯罪被害者の緊急避妊等の産婦人科医療に関する公費負担制度が導入されている。しかし、この制度を利用するためには警察への被害申告が必要とされることから、被害者にとっては利用しにくいものとなっており、この点も改善が求められる。

(c) 雇用における被害者支援
【女性に対する暴力の被害者の雇用上の権利を保護し、雇用主が被害者を差別すること、あるいは被害ゆえに不利益な扱いをすることを禁止すべきである】

暴力による負傷や心理的ダメージ、新しい住居探し、裁判所に行く時間が必要されること等から職場を欠勤せざるを得ない被害女性が多数いる。そのなかには雇用主によって退職勧奨を受けたり、あるいは勤務先に迷惑をかけないよう自ら退職することを余儀なくされている例も多数含まれている。法のなかに、暴力の被害者がこのような職場における二次被害にさらされることがないようにするための規定を設けるべきである。

(d) 被害者の居住権
【法は、暴力の被害者であることを理由に、家主による賃借人の立ち退きや賃借予定者への賃貸の拒否を含む、暴力の被害者に対する住居に関する差別を禁止すべきである】

被害者があらたに住宅を探す際には、経済的理由や保証人制度による困難から、多くの被害者が公営住宅への入居を希望している。しかしながら、現実に

は公営住宅の数は限られているため、入居は極めて難しい。また、十分な居住環境が保障されていない母子生活支援施設に入居している被害者も多い。したがって、民間住宅への入居を希望する被害者への家賃補助制度や公営住宅への優先的入居等の措置を図ることにより、居住権を保障していくことが求められる。

(e) 被害者への財政的支援
【法は、被害者のニーズに応えることができるよう、効率的かつ迅速な財政的支援の提供を規定すべきである】

解説は、暴力の被害者は短期的にも長期的にも著しい経済的損失を負うため、保護命令、家族法、訴訟手続以外のところで、経済的援助にアクセスできることが重要であることを指摘している。

2006年に内閣府が実施した「配偶者からの暴力の被害者の自立支援等に関する調査」によると、3人に2人は月収（生活保護や児童扶養手当等を含め）15万円未満の状態にある。このことからもDV被害者が経済的困難に陥っていることは明らかであり、女性に対する暴力の被害者への財政的支援は必須である。

7　移民女性の権利

(a) 女性に対する暴力の被害者のための独立した、かつ適切な移民としての地位
【女性に対する暴力の被害者が警察や他の機関に暴力を届け出た場合、強制送還されたり、在留資格に関する他の懲罰的な制裁を受けることがないよう規定すべきである。および、移民が暴力の被害者になった場合、加害者に知られないように、単独で在留資格の申請ができるよう規定すべきである】

日本ではこのような法は存在せず、法務省入国管理局長の通達（「配偶者からの暴力の防止及び被害者の保護に関する法律」および「配偶者からの暴力の防止及び被害者の保護のための施策に関する基本的な方針」に係る在留資格審査及び退去強制手続に関する措置について【通達】、法務省管総第2323号、2009年7月10日）によって、DV被害者の在留資格や退去強制手続においては、保護の観点に立って慎重に対応すべきことが入国管理局に要請されているにとどまる。在留資格がないこと、および在留資格申請手続に関する不安から、移民女性が配偶者による暴力のもとにとどまらざるを得ない状況をなくすためには、法による権利

保障が必要である。

　2009年入管法改定により新たに導入される、配偶者の身分を有する者としての活動を6月以上継続して行わないで在留している場合の在留資格の取消制度（出入国管理及び難民認定法及び日本国との平和条約に基づき日本の国籍を離脱した者等の出入国管理に関する特例法の一部を改正する等の法律第21条）に関し、DV等の正当な理由がある場合には取消の対象とならないことが、国会の付帯決議で確認されているが、保護を確実なものとするためには法による移住女性の権利保障が必要である。

(b) **国際結婚の斡旋業者に対する規制と「メールオーダー・ブライド」の権利の保障**
【国際結婚斡旋業者の業務に規制を課すこと、暴力の加害歴がある男性による国際結婚斡旋業者の利用を制限すること、国際結婚斡旋業者によって勧誘された女性が成年に達しており、自発的に事前の同意を示していることを含む、国際結婚斡旋業者によってもたらされる危険性を最小化するための措置をとること。】

　日本における国際結婚の約8割は、女性が外国籍、男性が日本人のカップルである。また、厚生労働省の2008年度の統計によると、DVによる一時保護者のうち外国籍の割合は1割近くあり、外国籍女性が深刻なDV被害にあっていることが明らかである。しかし、多言語での支援体制には地域間格差があり、また国際結婚斡旋業者等の仲介による結婚の実情についての調査もなされていない。実態調査を行い、その実態に見合った法規制を図ることにより、女性の権利を確保することが必要である。

8 捜　査

(a) **警察官の義務**
【警察官の義務として、女性に対する暴力の事件においては、支援や保護に関するすべての要請に対し、たとえそのような暴力の通報が被害者本人以外から寄せられたものであっても、迅速に対応すること、女性に対する暴力に関する通報を、他の暴力に関する通報と同じく扱うこと、DVに関する通報を女性に対する他のあらゆる形態の暴力と同様に扱うこと。および、被害に関する通報を受けた場合、事件の発生現場のリスク・アセスメントを総合的に行い、それに応じて、被害者が理解できる言語で事情聴取し、被害者の権利を助言し、被害届を作成し、治療を受けるための交通手段を提供、もしくは手配すること、および通報者を保護すること等を規定すること】

日本の立法に求められていること

　DV防止法は、通報を受けた警察官に対し、「暴力の制止、被害者の保護その他の配偶者からの暴力による被害の発生を防止するために必要な措置を講ずるよう努めなければならない」（第8条）、また、警察本部長に対しては「配偶者からの暴力を受けている者から、配偶者からの暴力による被害を自ら防止するための援助を受けたい旨の申出があり、その申出を相当と認めるときは、（中略）当該被害を自ら防止するための措置の教示その他配偶者からの暴力による被害の発生を防止するために必要な援助を行うものとする」（第8条の2）と規定している。

　暴力の程度が重大であればあるほど被害者は無力化され、警察への通報や被害申告をためらう傾向がある。警察官の役割を努力義務にとどめ、また被害者からの援助の申出を要件とする現行DV防止法は、被害者保護にとって十分なものとはいえず、勧告にしたがって見直されるべきである。

(b) 検察官の義務

【負傷の程度や種類に関わらず、女性に対する暴力を起訴する責任が、被害者ではなく検察機関にあることを明確にすべきである。関連するすべての法的手続において、被害者が理解できる言語で、迅速かつ確実に、被害者の権利や関連する法的手続、利用できるサービスや支援制度、保護のための手段、損害賠償や補償を受ける機会、事件に関連する事柄の詳細、加害者に関する情報等を伝えられるよう規定すべきである。検察官が起訴しない場合には、被害者に不起訴理由を説明することを検察官に求めるべきである】

　日本では犯罪被害者等基本法により、犯罪被害者の権利保障が規定され、必要な支援を途切れることなく受けることができるようにする旨の基本理念が定められている（第3条）。しかし、この法は一般的かつ抽象的な権利を規定するにとどまっており、被害者への助言、加害者の捜査、裁判に関する情報提供に関する具体的な制度は施策に委ねられている。被害者等通知制度実施要領（1999年4月1日より施行、2007年12月1日改定）に基づき、刑事手続に関する情報提供は定められているが、不起訴理由に関する詳細な説明はなされていない。被害者等通知制度のさらなる充実化のためには、実施要領ではなく、立法による措置が望ましい。

(c) 積極的逮捕および積極的起訴の方針

【女性に対する暴力の事件においては、犯罪が起きたと信じるに足る理由がある場

合には、加害者の積極的逮捕および積極的起訴を行う方針を採択するよう規定すべきである】

　日本では、DVに関する警察への年間の相談件数が約3万4千件（2010年度）におよんでいる。一方、配偶者からの暴力事案としての傷害事件や暴行事件の検挙数は、年間それぞれ1000件程度にとどまっており、多数の暴力が不処罰のまま放置されている状況がある。したがって、立法により積極的な逮捕や起訴の方針を明記し、刑事処罰に消極的な現状を改善すべきである。

9　法的手続および証拠

(a)　調停の禁止
【女性に対する暴力のすべての事件において、法的手続の前および法的手続がなされている最中に調停を行うことを明確に禁止すべきである】

　解説は、調停においては当事者双方が平等な交渉能力を持つと推測され、暴力の非が当事者双方に等しくあるとみなされ、加害者の責任が軽減されるため、調停を禁止する国が増加していることを指摘している。日本では、離婚に関して協議離婚制度がとられており、協議離婚が離婚全体の9割を占めている。協議離婚では、DV被害者が加害者に対する恐怖から不利な条件での離婚を押し付けられるという問題がある。また、協議離婚ができない場合には家事審判法に基づき、暴力が原因となっている事件においても原則として家庭裁判所での調停手続を行うこと（調停前置主義）になっているため、調停手続でのDVへの無理解から被害者に対する二次被害が発生する等の問題が生じている。DV事件においては基本的に対等な当事者を前提とした調停手続が適切ではないこと（家事審判法第18条2項但書は調停前置主義の例外を定めている）を明確にする必要がある。

(b)　適時かつ迅速な手続の奨励
【適時かつ迅速な法的手続を規定し、状況に即して女性に対する暴力の事件への早急な対応を推奨すべきである】

　DV防止法は、「保護命令の申立てに係る事件については、速やかに裁判をするものとする」（第13条）と定めている。しかし、保護命令事件の平均審理日数は12.7日となっており、生命や身体に対する危険防止のために、十分な対応がとられているとはいえない。また、離婚訴訟やセクシュアル・ハラスメン

ト事件および性犯罪等の裁判手続には1年から数年かかることが多く、被害女性に過大な負担を課すものとなっている。女性に対する暴力の事件への適時かつ迅速な対応を確保するための法的手続の検討が必要である。

　(c)　独立した法律相談と仲裁機関を含む、無料の法律扶助、通訳、法廷支援
【法は、司法へのアクセスの確保と二次被害の回避のために、被害者がすべての法的手続、特に刑事手続に関して無料の法律扶助を受けること、被害者支援を専門とする者、および（または）仲裁を専門とする者によって、無料の法廷での付添や代理を務めてもらう権利を含む、無料裁判支援、また無料かつ事件に対する偏見を持たれることなく、法制度を理解するためのガイダンスや援助を受けるために、裁判所のなかに設置されているサービスセンターを利用できること、を被害者の権利として保障すべきである】

　無料の法律扶助に関しては、日本司法支援センター（法テラス）の制度（総合法律支援法第13条）により基本的に保障されている。しかし、訴訟手続上、通訳や翻訳は無料となっておらず、法テラスを利用した場合においても、通訳や翻訳の援助額に上限（10万円）が設けられているため、日本語を理解できない者の裁判を受ける権利が十分に保障されていない。また、法廷での付添等の無料裁判支援のための公的な制度保障、および裁判所での被害者支援の制度も確立されていない。現行法上の運用面での限界を正しく認識した上で、さらなる法律扶助の充実を図るための改善がなされなければならない。

　(d)　法的手続における被害者の権利
【法的手続全体を通じて、被害者の権利を保障すること】

　日本では、刑事裁判での被害者参加制度による被害者の法廷での権利保障はなされているが、女性に対する暴力の被害者の権利保障という視点からの立法は検討されていない。また、被害者が法廷に出廷するか否か、宣誓供述書や録音による証言など、他の代替手段によって証拠の提出を行うか否かを被害者が決める権利も保障されていない。

　また、出廷の際にビデオリンクや衝立の利用によって加害者との対面を回避する方法が法によって規定されており（刑事訴訟法第157条の4、および民事訴訟法第203条の3）、また裁判所建物内での加害者との直接的な対面については、事件ごとの工夫がなされている。しかし、被害者の権利として確立されたものとはなっていないため、すべての裁判所で均質的な保護がなされているわけで

9　法的手続および証拠

はない。よって、すべての裁判所において被害者の権利が均質に保障されるよう求めていかなければならない。

(e)　証拠の収集とそれらの提出に関連する問題
【可能な限り、医学的および法医学的証拠についての適切な収集、および裁判所への提出を命じるべきである。被害者が証拠を出すことができない場合や、それを望まない場合、被害者を出頭させることなく訴追する可能性を規定すべきである】

解説は、女性に対する暴力の事件の医学的および法医学的証拠の入念な収集は、公権力に課せられた重要な責務であることを指摘している。日本では、女性に対する暴力の事件での証拠収集を警察等の捜査機関が必ずしも積極的に行っているとはいえない現状がある。そのため、適切かつ迅速に医学的証拠や法医学的証拠の収集が可能となる仕組みを確立することが求められている。また、被害者が法廷に出頭することができない場合であっても訴追することができるよう工夫し、訴訟手続の全過程を通じて被害者が十分な情報提供を受けることを保障し、訴追機能を強化することが必要である。

(f)　被害申告の遅延による不利益な推定の禁止
【訴えられている暴力行為とその被害が申告されるまでの間にいかなる期間の遅延があったとしても、裁判所がこれにより被害者に不利益な推定を行うことを禁止すべきである。それについて、被害申告の遅延があったとしても、これを被害者に不利益な証拠としてはならないことを、裁判長が陪審員、判事補佐官のみならず、裁判長自身にも説示することを求めるべきである】

日本でも、裁判において、被害申告の遅延が被害者の供述の信用性を否定する根拠として指摘されることがしばしばあり、そのことが女性に対する暴力の被害者が不公正な判決を受ける結果につながっている。被害申告の遅延を不利益な証拠とすることを禁止することにより、遅延の原因や女性に対する暴力に関する司法関係者の理解が深まり、より適正な裁判が確保されることになるであろう。

また、日本のDV防止法は申立書の記載事項として「生命又は身体に重大な危害を受けるおそれが大きいと認めるに足りる申立ての時における事情」（第12条1項2号）を要件としているために、裁判所の判断においては、過去の暴力行為からの時間の経過が、保護命令の発令を決定する際の消極的な判断要素となっている。この状況を改善するためには、たとえば、暴力行為とその申請

書の提出との間の時間の経過を理由として、保護命令の発令を拒否してはならない旨を規定しているフィリピン法が一つの立法モデルとして考えられる。

(g) 性的暴力に関する法的手続からの差別的な要素の排除
【民事および刑事いずれの手続においても、被害者の性的経歴が紹介されないようにするべきである】

被害者の過去の合意に基づく性的経歴等を証拠として用いることを許容することにより、被害者が信用できない人物とみなされ、被害者の供述の信用性の判断に影響がおよぶこともある。その結果、加害者が無罪となっている事例がみられる。また、弁護士が当該事件とは無関係な性的経歴等に関する尋問を行い、被害者が二次被害にさらされることもある。日本においても立法による制限が必要である。

10 保護命令

(a) 女性に対するあらゆる形態の暴力に対する保護命令
【女性に対するあらゆる形態の暴力の被害者が保護命令を利用できるようにすべきである】

DV防止法は、法の対象を配偶者間の暴力に限定した法律である。配偶者間の身体的暴力や脅迫以外のあらゆる形態の暴力の被害者を保護する保護命令制度は存在しない。より広範な被害者が利用できるような保護命令制度の検討が必要である。

(b) 保護命令の内容と発令

日本の保護命令は、6月間の接近禁止命令（被害者本人、同伴する子、親族等）、2月間の退去命令、および6月間の電話等禁止命令に限定されている（第10条）。

勧告は、保護命令が加害者による被害者に対する経済的援助や第三者を通じての連絡の禁止、加害者による被害者や家族等への暴力の抑止、加害者による銃器や武器の購入や使用および保有の禁止、加害者の行動の電子的監視の要求、加害者に対し、自宅不動産の所有権をいかなる方法によっても処分することなく、自宅から退去すること、および（または）交通手段や（または）他の生活必需品を引き渡すよう指示すること等の措置を含むべきであるとしている。こ

れらは、日本のDV被害者も直面している困難であり、勧告にしたがった保護命令制度の改正が望まれる。

(c) 緊急命令
【暴力の差し迫った危険があるとの申立がなされた場合、法は、関係当局に対し、加害者が自宅から退去し、被害者に接近しないように命じる権限を付与すべきである。および、事情聴取を行うことなく、一方当事者の申立の内容に基づき手続が開始されること、また手続中、財産権や他の検討事項よりも、被害者の安全を優先することを規定すべきである】
【裁判所に対し、緊急保護命令を経て、本格的審理の機会を付与した後は、長期間の確定的な、あるいは審理後の命令を発令する権限を付与すべきである】

日本では緊急保護命令制度が設けられていない。口頭弁論や相手方（加害者側）が立ち会うことのできる審尋の期日を経ることにより、保護命令の目的を達することができない事情があるときは口頭弁論や審尋を経なくてもよいとされている（DV法第14条1項但書）。しかし、同但書の運用はほとんどなされておらず、緊急保護命令の代替措置とはなっていないのが実情である。したがって、日本においても緊急保護命令の導入を早急に議論し、次期改正時にその実現がなされるようにすべきである。

(d) 保護命令の申立人
【保護命令の申立人を、被害者本人、被害者本人が法的無能力者である場合には法定後見人に限定すべきである。または、被害者の主体性が尊重されることを確保しつつ、国家公務員、家族、関連する専門職にある者等の他の主体が申立人となることを認めるべきである】

誰が申立人となるべきかに関してはさまざまな知見がある。深刻な被害であればあるほど被害者本人が申立人となることは困難であり、そのような場合には、警察や家族などが被害者に代わって申立人となることができる制度も検討する必要がある。

(e) 保護命令の発令にとっての被害者の十分な証拠
【被害者の証言、宣誓陳述書あるいは宣誓供述書が、保護命令の発令にとって十分な証拠であることを規定すべきである。および、他の独立した証拠—医学的証拠、警察の証拠等—が、保護命令の発令に求められることがないよう規定すべきである】

日本の立法に求められていること

日本では保護命令の発令手続の要件として、保護命令の申立前に被害者が配偶者暴力相談支援センターまたは警察に対して、相談、援助、保護を求めたこと、あるいは公証人の面前宣誓供述書の提出が求められている（第12条）。これは、裁判所における被害者の証言以外に、それ以前の段階で被害者の負担となる要件が求められることを意味している。また、被害者の証言のほかに診断書や写真等の証拠が提出されることが、保護命令を認容するかどうかの判断に大きな影響をおよぼしている。被害者にとって、このような煩雑な手続や証拠の収集および確保のための負担が申立の抑制につながっている。被害者の証言が十分な証拠であるとする法の導入は被害者の安全確保にとって有益である。

(f) 保護命令手続における子の監護権への対処
【法は、保護命令手続のなかに子の監護権および面会交流について、以下の規定を含むべきである。
● 監護権を付与することについて、加害者に不利益に推定すること。
● 加害者が監視を受けずに面会交流を行うことについて、加害者に対し不利益に推定すること。
● 加害者に監視を受けながらの面会交流が認められることに先立ち、加害者は①直近の暴力から少なくとも3カ月が経過したこと、②あらゆる形態の暴力の行使を止めたこと、③加害者更生プログラムに参加していることを示さなければならないことを求めること。および、
● いかなる面会交流の権利も、子の意思に反して認められることがないこと。】

解説は、暴力の加害者が被害者に対する虐待と接近を継続する手段として、子の監護権を利用してきたことを指摘している。日本では保護命令制度での監護権の指定と面会交流についての規定は存在しない。したがって、保護命令制度を保護命令による監護権の決定にまで拡充し、この勧告を尊重すべきである。

11 判　決

(a) 犯罪の重大さと比例する量刑
【刑罰が、女性に対する暴力の犯罪の深刻さに比例すべきものとなること。および、刑罰の結果における整合性を確保するため、量刑についての指針が整備されるべきであること】

解説では、刑罰を宣告する裁判官が女性に対する暴力の被害者に対し差別的な態度を取ることがあり、また刑罰が国ごとに多様であり、一貫性を欠いていることが指摘されている。また、イギリスでは性犯罪法における刑罰に関する

指針が導入されたこと、また多くの国々で刑罰の下限が設定されていることが紹介されている。

　日本では、女性に対する暴力の犯罪は、その他の犯罪と比較して起訴猶予率が高く、また加害者側に争いのない傷害事件は略式起訴による罰金刑となることが多いなど、女性に対する暴力の事件の刑罰は寛大になる傾向がある。犯罪の重大さと比例した刑罰を科すべきことを規定し、指針を整備することが望まれる。

　(b)　DVの再犯者・累犯者／悪質なDVの加害者に対する刑の加重
【DVの再犯者・累犯者に対し、傷害の程度を問わず、徐々に刑を加重すること。および、保護命令違反の再犯者・累犯者に対し、刑を加重すること】

　解説は、女性に対して暴力を繰り返し行う行為そのものを犯罪化し、刑の加重を行うことを規定しているスウェーデンやチェコの法律、および保護命令に2回以上違反した者に対する50年間有効の保護命令を規定しているアメリカ合衆国の法律を紹介している。女性に対する暴力は繰り返し行われることが多い犯罪であり、このような刑の加重は検討に値する。

　(c)　DV事件における罰金刑への配慮
【法は、DV事件での罰金刑が、被害者および（または）その子どもに経済的困難をもたらすのであれば、科すべきではないこと、および、罰金刑を科す場合、加害者に対する治療と保護観察による監視が併用されるべきであることを規定すべきである】

　解説は、DVの加害者に対する罰金刑は被害者の生活を圧迫する可能性があり、処罰の形態としては不適当であること、および罰金刑は処罰の形態としても不十分であり、これによって加害者の態度を更生させることができないことが知られていると指摘している。先に述べたように、日本では、女性に対する傷害事件は罰金刑となることが多いが、罰金刑のみでは犯罪の抑止効果は期待できない。

　(d)　被害者に対する原状回復および補償
【法は、刑事事件の判決により、被害者に対する加害者からの損害賠償および原状回復を命じることができること。女性に対する暴力の加害者の処罰において、賠償命令は1つの要素となり得るが、これを禁固刑等の他の刑罰に代替すべきでは

ないこと。および、政府の予算による被害者賠償プログラムの創設に関する規定を設け、女性に対する暴力の被害者が公正な損害賠償を申請、および受領できるようにすること】

日本でも刑事裁判での損害賠償命令制度があらたに導入され（犯罪被害者等の権利利益の保護を図るための刑事手続に付随する措置に関する法律第17条）、女性に対する暴力の事件においても（ただし故意の死傷事件に限る）、刑事事件手続を利用することで被害者の立証等の負担が軽減され、有効に活用できるようになった。勧告が指摘するように、賠償命令を刑罰の代替とすべきではなく、また賠償による被害者救済が加害者の資力によって左右されることがないよう、国による充実した犯罪被害者補償制度の確立が必要である。

(e) 加害者更生プログラムと代替判決

【判決のなかで、加害者更生プログラムを命じることができることを規定し、かつ、このような加害者更生プログラムの実施者が被害者へのサービス提供者と緊密な連携を持つよう命じるべきである。加害者に加害者更生プログラムへの参加のみを命じ、他の刑事罰を科さない判決を含む、代替判決の使用は、厳重な注意をもって行われなければならず、被害者の安全と判決の実効性を確保するために、司法当局と女性のNGOにより、判決の継続的な監視がなされる場合においてのみ、言い渡されることを明らかにすべきである】

代替判決とは、刑務所への収監以外のあらゆる刑罰や処罰を言い渡すものであり、地域への奉仕活動や加害者更生プログラムへの参加を指している。加害者更生プログラムは、被害者の安全に対する危険がないことが確保されている場合にのみ、刑罰として選択されるべきであり、また、プログラムの内容も十分に開発されたものを制定すべきであり、さらには被害者からの意見が反映されるよう被害者の支援団体と連携すべきであることが解説されている。

日本では刑事罰とともに、あるいは刑事罰に替えて加害者更生プログラムへの参加を命じる代替判決の制度は導入されていない。今後の導入にあたっては、この勧告を踏まえてなされるべきである。

12　民事訴訟
(a)　第三者に対する民事訴訟
【法は、女性に対する暴力の被害者が、政府または民間の個人や団体に対し、暴力を防止し、調査し、処罰するために適切な注意を払わなかったことを理由に提訴すること、および非差別原則および（または）公民権法に基づく訴訟を提起することを認めるべきである】

　解説は、女性に対する暴力の被害者が政府機関、または他の施設に対し、その責任を問う刑事訴訟ないしは民事訴訟あるいはその両方を提起することを認めることによって、女性に対する暴力行為をジェンダー不平等のより大きな体系のなかに位置づけることができ、女性が身体の安全についての権利を有すること、および平等についても権利を有することを明確に示すことができると指摘している。日本では、女性に対する暴力の犯罪の証拠を警察官が捜査中に廃棄処分した事件において、その違法性を認めた下級審裁判例がある。しかし、公務員が相当の注意を払わなかったという不作為に関して賠償請求が認容されることは極めて稀である。法にこのような規定を設けるということは、女性に対する暴力に関する職務に従事する公務員の適正な職務の遂行を促す効果があり、検討がなされるべきである。

13　家族法
【女性に対する暴力の被害者の権利を保障するために、家族法のなかの関連するすべての条項を改正すべきである】

　DVに関する裁判所の理解は必ずしも十分ではない。離婚事件における親権者および監護権者の指定や面会交流に関する事件において、①子の監護権と面会交流に関するすべての事件で、過去に暴力があったか否かについて慎重な審査を行うこと、②子の監護権の付与について、加害者に不利益な法律上の推定をはたらかせること、③適切な場合には、専門的に運営されている面会交流監視センターを利用できること、④自己防衛的な行動を取ったり、さらなる暴力を避けるために避難した暴力の被害者を加害者として分類しないこと。あるいは子の監護権や面会交流の判断において、不利益な推定をはたらかせないこと、⑤児童虐待とネグレクトの手続においては、暴力の加害者を非難の対象とすること、および子どもの保護はしばしば、その母親を保護することにより最も良い形で達成されることを認識すること、を示した勧告内容は、裁判所の実務の

状況に照らして極めて的確なものである。日本でも勧告にしたがった立法が必要である。

14　難民法

【女性に対する暴力が難民法上の迫害を構成し、そのような暴力の被害者は難民法上の「特定の社会集団」を構成することを規定すべきである】

日本では、女性に対する暴力を、難民の地位に関する条約が定める難民の要件である「迫害」を構成するとし、被害女性を迫害を受けるおそれのある「特定の社会集団」（条約第1条A）の構成員であるとして、難民認定した事例はない。女性に対する暴力の被害者を難民法上の「特定の社会集団」にあたることを法律で明記することの意味は大きい。

上記は、日本の現状からみえる問題点に関連する勧告を中心に解説したものであり、すべての勧告を網羅しているわけではない。本稿に挙げていない勧告の内容も参考にしながら、女性に対する暴力を根絶するための包括的な法整備に向けての議論が進むことを期待している。

あ と が き

　女性に対する暴力は、最も深刻な人権侵害のひとつである。世界のあらゆる国や地域で今も後をたたず、日本もその例外ではない。
　これまで女性たちは、たとえば家庭、職場、紛争下など公的・私的領域を問わず、理不尽かつ深刻な暴力にさらされてきた。しかし、ほんの20年ほど前まで、この問題は国際社会の重要問題と位置づけられず、あたかも「存在しない」かのごとく扱われてきた。女性に対する暴力の被害者たちは、それぞれの家父長制的社会のなかで圧倒的に弱い立場に置かれたまま、沈黙を余儀なくされてきたのだ。
　しかし、沈黙を強いられてきた暴力の犠牲者たちはやがて痛みと経験を共有し、国境を越えた連帯を求めて立ち上がり、勇気をもって暴力に抗して声をあげるようになる。1990年代には、こうした運動が力強く展開され、女性たちの声が国連における「女性に対する暴力撤廃宣言」、そして国連北京女性会議で採択された行動綱領などの国連文書に結実していった。これらの国連文書は、女性に対する暴力を最も重大な人権侵害のひとつであり、国連および各国政府が取り組むべき課題であることを明確にした。そして、国連加盟各国に対し具体的な立法措置等を義務づけ、行動計画の策定を求めた。
　女性たちはこれらの国連文書をもとにした国内政策の実施と履行を求めるための取組を世界各地で展開する。その結果、女性に対する暴力を防止するための法律の制定や具体的な救済措置の実施を政府に求める運動が世界各地で大きなうねりをつくっていったのである。
　本書は、女性に対する暴力を根絶するために行動してきた世界中の女性たちによる20年間にわたる壮大な取組の今日的集大成といえる財産である。本書には、各国での先進的立法例が幾多紹介されている。その背景に、日常的に繰り返される暴力に憤り、この現実を改善しようとした多数の女性たちによる努力、説得、ロビー活動などの粘り強い運動が存在していることを考えると、深い感慨を覚える。
　日本においても、1990年代の国際的な運動の高まりを背景にDV防止法が制定され、2度の改正を経たものの、未だに実務家や支援者、そして被害当事者は立法の不備や実務の壁を前に苦い思いを繰り返し経験している。セクシュア

あとがき

ル・ハラスメント、人身売買、子どもに対する商業的性的搾取禁止、および犯罪被害者保護に関連する立法が相次いで制定されたものの、包括的な性暴力禁止法は未だ制定にいたっていない。性暴力犯罪については伝統的な実務の壁が強固に立ちはだかっているために、実効的な被害者救済が図られていないのが現状である。本書は、このような現状を国際的水準から点検し、あるべき方向性を見定めるうえで、貴重な示唆を提供してくれた。

本書に示された14項目からなる立法のモデル枠組は、明確な立法目標を私たちに提示している。いずれの勧告も日本で苦闘する実務家や支援者、そして被害当事者にとって焦眉の課題であり、国際水準に基づく立法・制度改革を実現するための重要な勧告である。そして、司法を含む関係機関に対して国際水準に基づく対応を迫るためにも極めて有効なツールである。

そして、本書は誰よりも、政府関係者、国会議員、裁判官、検察官、警察官、法務省・入国管理関係者などに熟読していただき、国際水準に基づく法改正と実務の改善につなげてほしいと切に願う。

本書の監訳・編集を行った特定非営利活動法人ヒューマンライツ・ナウ（HRN）は、2006年に発足した東京を本拠とする国際人権NGOである。創設者たちが「国境を越えた国際人権活動を日本から始める」ことをミッションとして、このNGOを立ち上げたひとつの原動力は、まさに、1995年に開かれた国連北京女性会議のNGO会議に結集した世界各地の女性たちの口々から語られた残虐な女性たちに対する暴力の現実に接したことに起因する。ヒューマンライツ・ナウ「女性に対する暴力」プロジェクトは、アジア諸国を中心に現地NGOと共同で調査を実施し、その結果をもとに国際水準に則した立法とその確実な履行を各国政府に政策提言している。ヒューマンライツ・ナウでは、アジア各国においても、本書に示された立法の目標が達成されるよう必要な政策提言や技術支援、アドボカシー活動を展開していきたいと考えている。

本書の翻訳にあたっては、雪田樹理（弁護士、HRN理事・HRN関西グループ事務局長）、清末愛砂（島根大学教員、HRN女性に対する暴力プロジェクト）、福嶋由里子（財団法人世界人権問題研究センター専任研究員、HRN女性に対する暴力プロジェクト）、生駒亜紀子（弁護士、HRN女性に対する暴力プロジェクト）が中心となり、多くの翻訳ボランティアやインターンの力を得て翻訳にいたった。

本書の誕生にあたっては、女性差別撤廃委員会（CEDAW）現職の委員である林陽子弁護士に大いなる励ましをいただき、まえがきも執筆いただくことがで

あとがき

きた。また、近江美保氏には国際人権法上の専門用語の翻訳に関し適切なアドバイスをいただいた。信山社の今井守氏には本書刊行にいたるまで、大変お世話になった。厚くお礼を申し上げたい。なお、同ハンドブックは2011年3月に「女性への暴力防止・法整備のための国連ハンドブック―政府・議員・市民団体・女性たち・男性たち」と題して、梨の木舎より翻訳出版されている。そちらもご参照いただきたい。

本書冒頭にも記載されているとおり、2008年、国連事務総長は「団結しよう、女性に対する暴力を終わらせるために」という世界的キャンペーンを開始した。その主要な目標のひとつは、2015年までにすべての国々が国際的水準に則って、あらゆる形態の暴力に取り組み、そのような暴力を罰する国内法を制定し、施行することにある。日本を含む多くの国で女性たちの運動が実り、この目標が達成されること、それが女性に対する暴力の根絶と被害者救済に向けた確かな力となっていくことを祈念して筆をおく。

ヒューマンライツ・ナウ事務局長

伊 藤 和 子

―― 〈訳者紹介〉 ――

〔ヒューマンライツ・ナウ「女性に対する暴力」プロジェクト〕

雪田樹理（ゆきた　じゅり）　　弁護士、HRN理事・HRN関西グループ事務局長

清末愛砂（きよすえ　あいさ）　　島根大学教員

福嶋由里子（ふくしま　ゆりこ）　財団法人世界人権問題研究センター専任研究員

生駒亜紀子（いこま　あきこ）　　弁護士

〈著者紹介〉

国連 経済社会局 女性の地位向上部

　国連事務局の経済社会局（DESA）内の女性の地位向上部（DAW）は、ジェンダー平等と女性のエンパワメントについて、女性の地位委員会、経済社会理事会、および国連総会の作業を支援している。
　詳細は www.un.org/womenwatch/daw/ を参照。

〈編　訳〉

特定非営利活動法人　ヒューマンライツ・ナウ

女性に対する暴力に関する立法ハンドブック

2011（平成23）年9月1日　第1版第1刷発行

著　者　国連 経済社会局 女性の地位向上部
編　訳　特定非営利活動法人 ヒューマンライツ・ナウ
発行者　今井 貴・今井 守
発行所　株式会社 信山社
〒113-0033　東京都文京区本郷6-2-9-102
Tel 03-3818-1019　Fax 03-3818-0344
info@shinzansha.co.jp
笠間才木支店　〒309-1611 茨城県笠間市笠間 515-3
笠間来栖支店　〒309-1625 茨城県笠間市来栖 2345-1
Tel 0296-71-0215　Fax 0296-72-5410
出版契約 2011-5587-4-01010　Printed in Japan

©著者・訳者, 2011 印刷・製本／松澤印刷・渋谷文泉閣
ISBN978-4-7972-5587-4 C3332 分類321.400-d001 ジェンダー法・法政策
5587-0101:012-010-005 p136:b1500:P2000E《禁無断複写》

講座　国際人権法 1　　国際人権法学会15周年記念
◆**国際人権法と憲法**
　　編集代表　芹田健太郎・棟居快行・薬師寺公夫・坂元茂樹

講座　国際人権法 2　　国際人権法学会15周年記念
◆**国際人権規範の形成と展開**
　　編集代表　芹田健太郎・棟居快行・薬師寺公夫・坂元茂樹

講座　国際人権法 3　　国際人権法学会20周年記念
◆**国際人権法の国内的実施**
　　編集代表　芹田健太郎・戸波江二・棟居快行・薬師寺公夫・坂元茂樹

講座　国際人権法 4　　国際人権法学会20周年記念
◆**国際人権法の国際的実施**
　　編集代表　芹田健太郎・戸波江二・棟居快行・薬師寺公夫・坂元茂樹

信山社

◆ジェンダー六法　山下泰子・辻村みよ子・浅倉むつ子・二宮周平・戒能民江 編

B六版・並製・776頁　3,200円（税別）

学習・実務に必携のジェンダー法令集

主要条約・法令に加え、勧告、議定書、通知・通達等、通常入手しにくいものも多く収め、ジェンダー法へのアクセスに最適。各分野の信頼の編集陣が検討・編集した内容は、学生の勉強からプロフェッショナルの利用までカバー。ジェンダー法がコンパクトに纏まった類を見ない待望の書。

◆ドメスティック・バイオレンス　戒能民江 著

A5変・上製・256頁　3,200円（税別）

DVの取組と本質を研究し問題提起

DV研の調査から10年、日本にも、DV防止法が施行され、2002年4月「配偶者暴力相談支援センター」が開設された。ドメスティック・バイオレンスを女性の人権問題として取り組み、核心に迫る定義を追い続ける著者の、現実社会と切り結びながら行われた、ジェンダー視点からの女性に対する暴力に関する法学的研究。

◆ドメスティック・バイオレンスの法　小島妙子 著

A5変・上製・530頁　6,000円（税別）

DV根絶への願いをこめて著された書

従来、個人的な問題として扱われてきたドメスティック・バイオレンスは、被害者の救済という点からみて法的な対応は十分ではなかった。2001年、DV防止法が成立し、DVに対する施策が本格的にスタートしたが、本書はDV根絶への願いをこめて、DVの実態、DVに対する法状況を紹介するとともに救済のあり方について考察する。

―― 信山社 ――

◆ 国連人権高等弁務官事務所 ◆

市民社会向けハンドブック
― 国連人権プログラムを活用する ―

監訳：阿部浩己
翻訳：安孫子理良・伊藤和子・枝川充志・須田洋平

◆ 林陽子（弁護士・国連「女性差別撤廃委員会」委員）編 ◆

女性差別撤廃条約とわたしたち

〔執筆〕林陽子・加城千波・大村恵実・金塚彩乃

私たちの暮らす日本社会を、国際的視座から捉え直したグローバル化時代に必読の書。国外・国内の第一線で活躍する法律家が、一般の方々向けにやさしく解説。〔近刊〕

信山社